本书由国家自然科学基金项目（70973122、U1704133）、
河南省哲学社会科学规划项目（2018BJJ004）、
河南省软科学研究项目（202400410061）、
河南财经政法大学国家级项目预研究专项（201701）资助出版

经济管理学术文库·经济类

扩大贸易开放对中国区域农业和农村发展的影响

Impacts of Trade Liberalization on
China's Regional Agriculture and Rural Development

陈恭军／著

图书在版编目（CIP）数据

扩大贸易开放对中国区域农业和农村发展的影响/陈恭军著. —北京：经济管理出版社，2020.5

ISBN 978-7-5096-7111-5

Ⅰ.①扩… Ⅱ.①陈… Ⅲ.①对外贸易—影响—农业发展—研究—河南 ②对外贸易—影响—农业发展—研究—山东 Ⅳ.①F752②F327.61③F327.52

中国版本图书馆 CIP 数据核字（2020）第 076749 号

组稿编辑：杨　雪
责任编辑：杨　雪　亢文琴
责任印制：黄章平
责任校对：陈　颖

出版发行：经济管理出版社
（北京市海淀区北蜂窝 8 号中雅大厦 A 座 11 层　100038）

网　　址：	www.E-mp.com.cn
电　　话：	（010）51915602
印　　刷：	北京玺诚印务有限公司
经　　销：	新华书店
开　　本：	720mm×1000mm /16
印　　张：	9.75
字　　数：	181 千字
版　　次：	2020 年 7 月第 1 版　2020 年 7 月第 1 次印刷
书　　号：	ISBN 978-7-5096-7111-5
定　　价：	49.00 元

·版权所有　翻印必究·

凡购本社图书，如有印装错误，由本社读者服务部负责调换。
联系地址：北京阜外月坛北小街 2 号
电话：（010）68022974　邮编：100836

前　言

对外开放既是中国的基本国策，也是过去 40 年中国经济实现快速发展的重要动力。2017 年党的十九大报告指出，"要推动形成全面开放新格局，中国开放的大门不会关闭，会越开越大"；2018 年政府工作报告明确指出，"进一步拓展开放范围和层次，完善开放结构布局和体制机制，以高水平开放推动高质量发展"。显然，未来中国主动参与和推动经济全球化进程，实行对外开放的步伐不会停滞，还会在更大范围、更宽领域、更深层次上提高开放型经济水平。中国对外开放水平的进一步加深，也使农业和农村经济发展处于更加高度开放的市场环境之中，毋庸置疑，今后我国农业和农村经济发展将面临更为复杂的形势。那么，在复杂多变的国内外宏观经济背景下，扩大贸易开放究竟对地区农业和农村发展产生了什么影响？不同地区是否会根据市场和政策环境形成不同的农业发展模式？在加快推动形成全面开放新格局的背景下，对这些问题答案的探求，有助于识别在一定的国内政治经济环境下扩大贸易开放对地区农业和农村发展的影响机制，正确认识扩大贸易开放对不同区域农业和农村发展绩效产生的实际影响，丰富农业和农村经济的发展模式；同时，也对我国政府今后制定科学合理的农业农村发展战略和政策具有一定的参考意义和借鉴启示，对推动乡村振兴战略实施、加快农业现代化步伐、加速完成脱贫攻坚任务、建成全面小康社会等都具有重要的理论和现实价值。

为此，本书一是简要回顾与综合评价了国内外相关研究现状，并运用相关理论模型分析了扩大贸易开放对我国农业和农村发展的影响机制；二是在综合考虑加"入世"界贸易组织（以下简称"入世"）十多年来我国主要宏观政策变化（主要是农业方面）的基础上，运用一般均衡分析方法（GTAP 模型），从事后的角度来"反事实"模拟评估了扩大贸易开放在国家层面产生的影响，并识别出哪些因素造成了这样的影响；三是梳理了中国"入世"后在扩大农业贸易开放方面的承诺和采取的国内应对措施，进而以河南和山东两省为对象比较分析了农业发展条件和"入世"后的农业发展绩效，并从国家、区域、企业和农户四个层面，识别了导致两省农业和农村发展差异的原因；四是探讨了扩大贸易开放背景下,国际、国家层次效应向国内区域的传导机制以及区域间价格的交互影响;五是结合研究结果,提出了如何进一步推动区域农业和农村经济发展的对策建议,并简要指出了本书的不足有待进一步研究的空间。

与以往的研究相比,本书的特色与创新之处主要体现在两个方面:一是研究视角比较独特。尽管很多学者在"入世"之前以及"入世"初期就贸易开放对我国经济社会的影响进行了多角度、多层次的分析,但是从"入世"后扩大贸易开放的角度采用一般均衡的分析方法,给出不"入世"可能出现的几种情况(如多边关税削减、双边贸易开放、技术进步率下降等)来设定模拟方案,根据设计的"反事实"情况,模拟出不"入世"可能产生的影响并与实际发展情况作对比,以识别扩大贸易开放在经济发展中的作用的研究还很少见。二是研究内容有一定新意。"入世"前后国内外学者就"入世"对我国农业和农村发展可能造成的影响作了大量的研究,但在扩大贸易开放的背景下,以典型省份作为代表,系统地运用定量实证的分析方法深入地区层次并识别相应效应的扩散机制的研究还很鲜见。

本书在研究编写过程中,得到了笔者的博士生导师——中国农业大学经济管理学院田维明老师的悉心指导,他在本书选题、框架结构设计、模型构建和数据收集等诸多环节上都给予了大量无私帮助,本书出版还得到了经济管理出版社杨雪老师的大力支持,在此一并表示由衷的谢意!

由于本书研究主题涉及面广,数据资料整理、模型方案设计和相关参数校正等难度较大,再加上笔者水平有限,编写时间仓促,研究成果始终还觉得比较粗浅,所以书中错误和不足之处在所难免,恳请广大读者批评指正。

陈恭军
2019年9月于河南财经政法大学建树楼

目 录

第一章 导论 ··· 1
    一、研究背景和研究意义 ··· 1
    二、研究目标和研究内容 ··· 3
    三、研究思路和研究数据 ··· 5
    四、研究特色和创新点 ·· 6

第二章 理论基础 ·· 8
    一、文献综述 ·· 8
    二、贸易开放与区域经济发展关系理论 ···································· 14
    三、实证分析方法 ··· 24
    四、本章小结 ·· 29

第三章 扩大贸易开放对中国农业和农村发展影响的事后模拟 ····· 30
    一、"入世"后中国宏观经济政策的变动 ··································· 30
    二、方法选择和数据校准 ·· 38
    三、基准方案和模拟情景设计 ··· 40
    四、模拟求解及结果分析 ·· 42
    五、本章小结 ·· 47

第四章 中国"入世"前后农业和农村发展
        ——河南和山东的比较 ··· 49
    一、中国"入世"在扩大农业贸易开放方面的承诺 ····················· 49
    二、中国采取的国内应对措施 ··· 49
    三、河南和山东农业发展条件的比较 ······································· 50

四、"入世"后河南和山东农业和农村发展绩效比较 …………… 53
五、本章小结 ……………………………………………………… 62

第五章 中国"入世"前后河南和山东农业和农村发展差异的成因分析……
………………………………………………………………………… 64
一、国家层面 ……………………………………………………… 64
二、区域层面 ……………………………………………………… 66
三、企业层面 ……………………………………………………… 74
四、农户层面 ……………………………………………………… 80
五、本章小结 ……………………………………………………… 86

第六章 扩大贸易开放背景下国家层次效应向国内区域的传导机制 ……… 88
一、宏观经济政策调整 …………………………………………… 88
二、农业产业结构调整 …………………………………………… 89
三、农村劳动力配置变化 ………………………………………… 96
四、农民收入水平及差距 ………………………………………… 102
五、农产品贸易发展 ……………………………………………… 106
六、重要农产品的价格传递 ……………………………………… 107
七、本章小结 ……………………………………………………… 124

第七章 研究结论和政策含义 …………………………………………… 126
一、研究结论 ……………………………………………………… 126
二、政策含义 ……………………………………………………… 128
三、研究不足和进一步研究的建议 ……………………………… 129

参考文献 …………………………………………………………………… 131

附　录 ……………………………………………………………………… 141

第一章 导 论

一、研究背景和研究意义

近年来，党的十九大报告、2018年政府工作报告等多个重要文件，明确指出，新时期我国要在更大范围、更宽领域、更深层次上提高开放型经济水平，以高水平开放推动高质量发展。正如2018年4月10日习近平主席在博鳌亚洲论坛2018年年会开幕式上发表主旨演讲时强调的那样，"中国开放的大门不会关闭，只会越开越大"。为此，我国政府积极探索对外开放新路径和新模式，实施了"一带一路"、自由贸易试验区等开放新举措，对外开放水平进一步提高，我国农业和农村经济发展将处于更加开放的市场环境之中①。自2001年底中国正式加"入世"界贸易组织（以下简称"入世"）以来，按照世贸组织的有关规定，中国履行了相应的承诺，农业关税进一步降低。总体来看，"入世"后近20年来，尽管我国农业发展遭遇了一些新的挑战，如大豆等部分农产品进口急剧增长，农产品贸易出现高额逆差，但总体来说农业发展的状况好于"入世"前的预期，农业产值继续增长，农民收入增速加快，粮食连年丰收，这与"入世"之前许多学者都预测全面和大幅度降低进口贸易壁垒将会对我国农业、农村发展造成重大冲击有较大出入。

当然，中国经济社会的发展不仅受到"入世"后贸易开放程度进一步加大的影响，而且与这期间整个国际、国内的宏观经济与政策变化密切相关。"入世"以来，国内外经济环境发生了一系列重大的变化：第一，肩负推动全球贸易自由化重担的多哈回合谈判，由于受到诸多阻力而徘徊不前。第二，在经济全球化的大背景下，区域贸易集团凭借其在降低成员国贸易壁垒、实现区域内资源优化配置等方面的特点，作为一种与全球经济一体化并行的现象而迅猛发展，中国

---

① 到2010年中国已全部完成"入世"时所承诺的关税减让义务，关税总水平由2001年的15.3%降至9.8%，在发展中国家中是最低的。根据世界贸易组织数据，2015年中国贸易加权平均关税税率已降至4.4%，明显低于韩国、印度、印度尼西亚等新兴经济体和发展中国家，已接近美国（2.4%）和欧盟（3%）的水平；在农产品（9.7%）和制成品（4.0%）方面，中国已分别低于日本农产品（11.1%）和澳大利亚非农产品（4.1%）的实际关税水平。目前，中国关税总水平已进一步降为8%（资料来源：商务部网站）。

也积极与周边国家和地区建立区域经济组织①。第三，对生物能源需求的迅速增加改变了世界粮食市场的供需格局，进而影响了国际农产品价格走势。第四，全球金融危机爆发以来，世界农产品价格波动更加剧烈和频繁，给世界农业发展和农产品贸易带来了更大的不确定性。第五，在"入世"后贸易进一步开放的背景下，国内也加大了农业政策改革。基于世界贸易组织有关规则和"入世"议定书中的承诺，我国在"入世"之时承诺仅在"微量允许"范围内实施世界贸易组织规则定义的"黄箱"政策，即 AMS 为零，"入世"后开始利用这一政策空间实施了一系列支农、惠农的政策（包括粮食直补、综合直补、减免农业税、鼓励出口等），以保障国内农业生产稳定、农民就业增加和收入水平的提高。第六，国内经济持续较快增长引起国内市场农产品需求数量、质量和结构变化，也给内陆地区农业发展提供了重要动力。第七，其他方面：人民币汇率变化影响到本国产品的价格竞争力；国民经济范围的资源再配置，突出表现为农村劳动力加快向非农业流动等；等等。

不可忽视的是，尽管"入世"在促进农业产业结构调整、增加农民收入和农村发展方面取得了巨大成就，但也造成了区域间和产业间发展差距的拉大。这种差距的扩大，既不利于农村经济的可持续发展，也带来了诸多的社会问题。当然，区域农村经济不平衡的原因很多，包括自然条件、区位条件、制度因素和政策因素等。不可否认的是，沿海地区有着突出的区位优势、相对雄厚的经济基础、良好的人力资本积累、较发达的交通通信等基础设施，以及适应开放经济的发展观念和意识等，毫无疑问，这些优越条件对促进沿海经济的发展起着积极作用。但随着我国贸易自由化程度的加深，国内各地区面临的制度因素、宏观经济政策逐步趋向一致，交通条件明显改善，地理区位优势渐渐弱化。然而，"入世"后很多自然资源禀赋和地理位置相似、最初经济发展水平差异不大的地区，地区间的农民收入水平并未随着整体经济水平的提升而缩小，反而呈现扩大的态势。也有一些地区农业外向型程度差别很大，开放后农业结构调整模式不同，但实现的绩效却相近。这意味着，开放并非是发展绩效的决定性因素，国内因素很可能具有重要作用，甚至起主导作用。因而识别这些因素对于从理论上解释贸易开放的作用和制定发展策略有重要的价值。那么，在复杂多变的国内外宏观经济背景下，扩大贸易开放在影响不同地区农业和农村发展方面到底起了什么作用？不同地区是否会根据市场和政策环境形成不同的农业发展模式？在加快推动形成

---

① 商务部网站数据显示，截至 2019 年 6 月底，中国已签署自由贸易协定 16 个，涉及 24 个国家和地区，同时还有多个正在谈判的自贸区和正在研究的自贸区。

全面开放新格局的背景下,对于这些问题答案的探求,有助于我们去识别扩大贸易开放对一国不同地区经济发展的实际效果,明晰在未来进一步扩大贸易开放的条件下我国相关政策的取向,并为将来贸易谈判中的核心利益争取和战略选择提供理论依据与对策,在推动乡村振兴战略实施、促进农业农村经济高质量发展和完成全面小康社会目标等方面都具有重要意义。

本书选择河南和山东两省为对象作比较研究。一方面,河南和山东均为农业资源相对丰富的人口大省,国土面积相似,各种自然资源禀赋差异不大,气候条件相似,因而农业生产的技术条件和能力相近。另一方面,由于河南身处内陆,山东靠近沿海,对外贸易中河南比山东存在着更高的交易费用(如运输费用等)。此外,从历史发展看,山东很早就已形成密切的对外联系,在发展外向型经济上有较好的人力资源、文化和制度基础,而河南则缺乏相应的条件。上述这些因素都有可能导致两省形成不同的农业发展模式。本书首先从国家层面分析扩大贸易开放对区域农业和农村经济发展产生的影响,并解释实际影响的产生机制和识别不同影响因素的作用大小;其次,在对比两省农业发展条件的基础上,采用农业生产能力、农业贸易开放、农村居民收入等评价指标对两省的农业发展绩效进行比较;再次,从国家、区域、企业和农户的角度分析了两省农业和农村发展模式出现较大差别的原因;最后,探析在扩大贸易开放的背景下,国际、国家层次效应向国内不同区域的传导机制。开展这一研究的理论意义和现实意义主要体现在以下三个方面:①有助于正确认识扩大贸易开放对不同区域农业和农村发展绩效产生的实际影响,把握贸易政策与国内政策的相互补充作用和相对效率;②有助于识别在一定的国内政治经济环境下扩大贸易开放对地区农业和农村发展的影响机制,为不同地方根据比较优势调整相应的产业发展政策提供实践和理论借鉴;③有助于丰富对农业和农村经济发展模式的认识,为不同地区根据实际情况选择合适的发展道路提供有益的经验借鉴。由此可见,就加"入世"界贸易组织对中国不同地区农业和农村发展产生的实际影响作系统、全面的剖析,找出其中可能的原因,具有重要的理论与实践意义。

二、研究目标和研究内容

(一)研究目标

本书以中国"入世"后的政策改革和宏观经济变化为背景,以所选择的典型地区为对象,探讨扩大农业贸易开放对区域农业和农村发展绩效的影响和作用机制,从理论上总结地区经济发展与贸易开放之间的关系。

具体目标一:探析扩大贸易开放在国家层面上对农业和农村发展产生的影响

及作用机制,并识别不同影响因素的作用大小。

具体目标二:梳理"入世"后中国在扩大贸易开放方面的举措和采取的国内应对措施,比较河南、山东的农业发展条件以及"入世"后两省的农业发展绩效。

具体目标三:识别导致地区间农业和农村发展绩效或模式差异的可能因素。

具体目标四:探讨在扩大贸易开放的背景下,国际、国家层次效应向国内区域的传导机制。

(二) 研究内容

根据研究目标,本书的研究内容共分为七章:

第一章:导论。本章首先提出本书的研究背景和研究意义;其次,明确本书的研究目标和研究内容;再次,确定本书的研究思路和研究数据;最后,指出本书的研究特色和可能的创新点。

第二章:理论基础。本章首先梳理和综合评价了相关的研究文献;其次,从理论上总结了贸易开放与区域经济发展的关系,分析了扩大贸易开放对区域农业和农村经济发展的影响机制;最后,依据研究需要提出了相应的实证分析方法。

第三章:扩大贸易开放对中国农业和农村发展影响的事后模拟。本章运用一般均衡分析方法,根据政策背景和研究需要设计相关基准方案和政策方案,用GTAP模型事后模拟评估中国"入世"对国内农业发展的影响,并通过比较不同方案的结果差异,试图从国家层面识别扩大贸易开放对我国农业发展所产生的影响。

第四章:中国"入世"前后农业和农村发展——河南和山东的比较。本章首先梳理中国"入世"后在扩大农业贸易开放方面的承诺和采取的国内应对措施;其次,对比河南和山东两省的农业发展条件;最后,从农业生产能力、农业贸易开放、农村居民人均纯收入和其他方面分别比较分析"入世"后两省的发展绩效。

第五章:中国"入世"前后河南和山东农业和农村发展差异的成因分析。本章分别从国家、区域、企业和农户四个层面,探析导致河南、山东两省农业和农村发展模式差异的原因。

第六章:扩大贸易开放背景下国家层次效应向国内区域的传导机制。本章从宏观经济政策调整、农业产业结构调整、农村劳动力配置变化、农民收入水平及差距、农产品贸易发展和重要商品的价格传递六个方面分析扩大贸易开放背景下国际对国家、国家对区域的影响,以及区域自身的变化情况。

第七章：研究结论和政策含义。本章首先对全书进行梳理和简要总结；其次，结合研究的结果和发现，为今后在更加开放的贸易环境下如何发展区域农业和农村经济提出相应的对策建议；最后，简要指出本书研究的不足有待进一步研究的空间。

三、研究思路和研究数据

（一）研究思路

根据本书的研究内容，本书形成如下研究技术路线（见图1-1）。

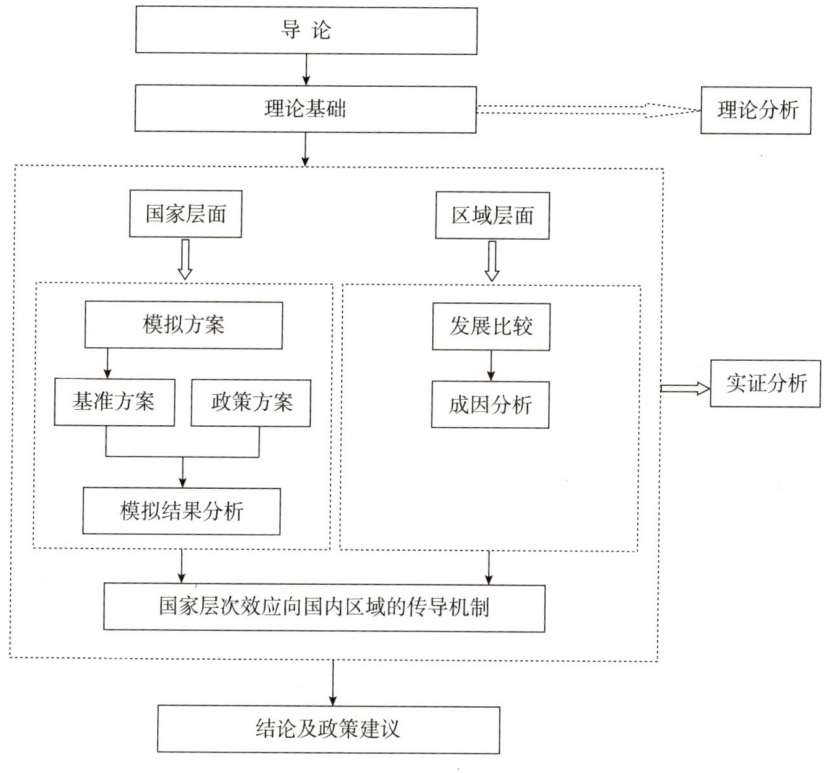

图1-1 本书的技术路线

（二）研究数据

为了比较分析地区间的农业和农村发展绩效，从宏观上把握扩大贸易开放在国家层面对农业发展的整体影响，识别国家层次效应向国内区域的传导机制，找出地区间发展模式产生差异的原因，本书采用了一般均衡的模拟、统计描述和相关计量经济学方法，研究中使用的数据主要来自以下渠道：

第一,政策模拟的数据来源包括:①本书利用全球贸易分析(Global Trade Analysis Project,GTAP)模型作的模拟分析基于第六版 GTAP 数据库。GTAP 数据库主要是根据各个经济体的投入产出表编制而成,数据库中的双边贸易数据采用了联合国、世界银行、联合国粮食及农业组织(Food and Agriculture Organization of the Uniled Nations,FAO)、IFS 等较具有公信力的世界贸易资料,并利用这些数据调整了各个国家与地区资料上的差异,从而获得了具有内在一致性的均衡关系。GTAP 数据库中产业的分类非常细致,这是其他数据库所不及的,而且 GTAP 数据库不断地更新数据,对修正和平衡各国数据所采用的方法也不断进行完善。第六版于 2004 年下半年发行,数据库的基期是 2001 年,包括 87 个地区、57 个部门①。GTAP 数据库的商品分类大部分根据国际行业标准分类 ISIC(International Standard Industry Classification),因为 ISIC 对农业与食品制造业的分类不够细致,因此 GTAP 中农业与食品制造业的分类改用产品分类 CPC(Central Product Classification)。②世界银行、UN Comtrade、FAO 等国际机构发布的世界经济贸易统计数据和预测数据。

第二,在进行统计描述和建立计量模型时,本书所使用的数据来源包括:①一手数据资料:农业农村部市场司定点批发市场监测数据、实地调研数据;②其他数据资料:世界银行、中国海关、财政部、商务部、国家发改委、《中国农村统计年鉴》、《中国国土资源年鉴》、《河南统计年鉴》、《山东统计年鉴》、《中国畜牧业年鉴》、国家统计局网站、河南农业信息网、山东农业信息网、1996 年和 2006 年河南、山东两省的农业普查资料、《全国农产品成本收益资料汇编》等。

四、研究特色和创新点

与以往的研究相比,本书的研究特色与创新之处主要表现在以下两个方面:

一是研究视角比较独特。虽然很多学者在"入世"之前以及"入世"初期就贸易开放对我国经济社会的影响进行了多角度、多层次的分析,但是从"入世"后扩大贸易开放的角度采用一般均衡的分析方法,给出不"入世"可能出现的几种情况(如多边关税削减、双边贸易开放、技术进步率下降等)来设定模拟方案,根据设计的"反事实"情况,模拟出不"入世"可能产生的影响并与实际发展情况作对比,以识别扩大贸易开放在经济发展中的作用研究还很少见。

---

① 2019 年普渡大学已经推出 GTAP 模型第十版,更新后的数据库包括 141 个国家(或地区),65 种部门产品,数据库以 2004 年、2007 年、2011 年和 2014 年为参考年份。由于研究目的的需要,尽管发布了最新 GTAP 模型(第十版),但本书仍拟采用 GTAP 模型(第六版)对拟考虑的问题作模拟分析,主要原因是该版以 2001 年数据为基础,这一年恰好是中国"入世"年,因而可以视作反映了"入世前"的状况。

二是研究内容有一定新意。"入世"前后国内外学者就"入世"对我国农业和农村发展可能造成的影响作了大量的研究,但在扩大贸易开放的背景下,以典型省份作为代表,系统地运用定量实证的分析方法深入到地区层次并识别相应效应的扩散机制的研究目前还很鲜见。

第二章 理论基础

一、文献综述

（一）理论综述

根据研究角度的不同，本书分别从"入世"对中国农业和农村发展的整体影响，以及对不同地区农业和农村发展的影响两个方面对现有文献进行梳理和综述。

1. "入世"对中国农业和农村发展整体影响的研究

根据研究时间和研究内容，"入世"对中国农业和农村发展影响的研究大致可以分为预测研究和事后分析两个方面。

（1）"入世"影响的预测研究。"入世"之前关于"入世"对农业和农村发展的影响，早期的研究大多是从经典的贸易理论出发，结合统计描述进行定性的分析。随着计算机技术的发展，很多学者开始借助各种成熟的局部均衡和一般均衡模型对"入世"进行事前政策的模拟。针对"入世"影响的预测研究，本书主要从两个角度来梳理相关文献资料。

一是"入世"对农业和农村发展的整体影响方面。Lejour 和 Arjan（2002）估计，在中国的单边自由化过程中，中国是主要的受益国，而其他国家的经济也将相应地被影响。预计中国受世界贸易组织影响的福利变化在 4.0 亿美元至 30.3 亿美元，世界其他国家的福利变动在 8.2 亿美元至 33 亿美元。Yu 和 Frandsen（2002）认为，"入世"将会迫使一国按照比较优势调整产业结构，有利于提高整个社会的资源配置效率，改善一国的福利。Gilbert 等（2002）采用 GTAP 模型研究中国加"入世"界贸易组织对总体经济可能带来的影响，认为扩大贸易开放有利于提高我国经济的总体效率和国民福利。对此持不同意见的人则强调上述调整过程将会使缺乏比较优势的行业受到严重冲击，特别是像农业这样的基础行业。Anderson 和 Strutt（2001）运用 GTAP 模型预测了中国经济在不同增长率和政策方案下的发展，重点考虑的是"入世"对农业生产消费和贸易的影响，认为加"入世"界贸易组织会使中国的农业 GDP 下降，从净出口国变成净进口国。黄季焜等（2002）认为，中国加"入世"界贸易组织给农业方面带来的变化更接近于对我国农业贸易体制改革的继续,是我国农业贸易过去发展趋势的继续,而不是带有根本性的、方向性的变化,即使农业确实在短期内会受到一定程度的负面影响,但从长期来看,也将有助于提高农村和农业的经济效率。Zhai 等(2003)认为,"入世"将增加整个国民经济发展的不确定性,使收入分配的差距进一步扩大。但是更普遍的研究则表明了一分为二的态度,认为"入世"在给我国国民经济带来机遇的同时,也带来了潜在挑战,所以针对不同的行业与群体应采取相应的应对措施(中国农业大学经济管理学院课题组,1999;黄季焜、李宁辉,1999;李善同、翟凡、徐林,2000;周曙东、徐志刚、封劲,2000;世界银行,2001;Anderson,Huang,and Ianchovichina,2002;Ianchovichina and Martin,2000,2001,2004)。

二是"入世"对农业和农村发展的分项影响方面。冯海发(1997)、黄季焜(1999)、卢锋和梅孝峰(2001)、刘志澄(2002)等认为,"入世"有利于发挥中国的比较优势,改善中国农产品出口的贸易环境,但降低保护水平也会使中国农产品市场面临严峻挑战。周曙东等(2000)、卢锋和梅孝峰(2001)、黄季焜(2002)等认为,"入世"带来的多边贸易体系将有利于扩大中国具有比较优势的劳动密集型农产品出口增加,进而推动农业产业结构调整。在粮食安全影响方面,黄季焜和李宁辉(1999)、周曙东(2001)认为,我国在粮食生产上缺乏比较优势,由于劳动生产率低,开放贸易会导致粮食自给率下降,而中国农业大学经济管理学院课题组(1999)、李善同和翟凡(2000)等研究则认为,加"入世"界贸易组织并不会损害中国的粮食安全,"入世"后我国的粮食自给率仍会保持在较高水平。李善同和翟凡(2000)、周曙东(2001)认为,在扩大贸易开放程度的条件下,农产品进口的急增将对国内农业生产形成冲击,进而影响农民就业与收入水平,而 Anderson(2004)根据 GTAP 分析认为,"入世"可能会加剧收入的不均等。梁小民(2000)、胡鞍钢(2002)、张国初(2002)认为,我国农业缺乏明显的比较优势,扩大贸易开放后农业部门劳动力就业会显著减少,农业劳动力会流向生产率更高的其他部门。冯海发(1997)、黄季焜和李宁辉(1999)、黄季焜(1999)、李建平和张存根(2000)、翟继蓝和谭向勇(2000)、罗英姿(2001)、张桂林、冯丹和张谛(2001)、张士功和周应华(2001)、陈永福(2001)、陈锡文(2002)、柯炳生(2002)等则从其他方面阐述了"入世"给农业和农村将带来的可能影响。

上述研究由于研究角度、思路与方法的不同,所得出的具体结论也各不相同,但它们基本上都是从传统的比较优势理论出发,并未充分考虑到中国的实际情况和"入世"后国内外政策环境的变化,因而得出的结论也相差甚远。

(2)"入世"影响的事后研究。在"入世"之前,很多人都担心大面积、大幅度削减进口贸易壁垒会对国内产业造成重大冲击,特别是一些弱势行业(如农业)。但目前从结果来看,"入世"以来我国农业和农村经济的发展势头良好,比当初预期要好得多。因此,"入世"之后研究的一个重点就是探求学术预期与农业实际发展绩效之间产生偏差的原因,形成的结论主要涉及以下三个方面:第一,近年来国际农产品价格的普遍上涨造成"入世"前有关研究的前提假设与现实情况不符;第二,"入世"以来,我国在开放贸易条件下实施了一系列支农、惠农的政策,包括粮食直补、综合直补、减免农业税、鼓励出口等,有效地缓解了"入世"对我国农业与农村经济的冲击;第三,"入世"的效应在中长期才能有所体现,短期内可能不会如理论预期的那样发展(蓝海涛,2003;柯炳生,2005;谭向勇、李鹏和郑妍,2006;田维明,2006;蒋乃华、谢科进,2006)。

关于"入世"对我国农业与农村发展的影响,本书主要从以下几个方面进行总结:①在粮食安全方面,封志明和李香莲(2000)、卢锋(2002)、蒋庭松(2004)、林毅夫(2004)、蒋庭松(2004)、柯炳生(2004)、朱晶和钟甫宁(2004)、赵文(2004)、翟虎渠(2004)、蔡昉(2005)、樊明太和郑玉歆(2005)等对我国在世界贸易组织"后过渡期"的粮食安全问题作了大量研究,主要是分析了"入世"给我国粮食生产带来的影响及如何保证粮食安全。②在农民收入方面,一些学者借助各类衡量收入分配差距的统计指标,采用计量经济学模型进行了相应分析,但所得出的结论差异较大(张平,1998;万广华,1998;李实、赵人伟,1999;李实,1999;张晓辉,2001;吕耀、王兆阳,2001;蔡昉、王德文,2002;Anderson, Huang and Ianchovichina, 2002;Hertel and Wang, 2002;尹翔硕,2002;徐永安,2003;Huang Rozelle and Chang, 2004;Fu, 2004;国家统计局农村调查队,2004;戴枫,2005;黄祖辉、张晓波、王敏,2006;Zhai, 万广华,2006;陈志刚,2006;鲁晓东,2008;万广华、张藕香、伏润民,2008;张汉林、袁佳,2011;陈恭军、田维明,2012)。③在农民就业方面,关于"入世"之后农民非农就业变动的研究很少(张车伟,2002;蔡昉,2005),主要是因为我国关于非农就业及劳动力转移方面的统计数据并不完备,其可靠性也受到诸多质疑,并且许多相关资料无法获取,同时关于农民就业的研究认为,制度与劳动力的素质问题才是制约我国农民就业与劳动力转移的主要因素,而制度与劳动力素质的量化往往缺乏可操作的指标,这也是分析"入世"与农民就业变动关系时的一个难点。④在消除贫困方面,学者们主要研究的是贸易与贫困之间的关系,可以归结为三种观点:第一种普遍的观点认为,贸易有助于按照比较优势对资源进行优化配置,通过提升非熟练工人的工资而减少贫困;第二种观点则认为,贸易自由化对贫困农户的不利影响要大得多;第三种观点认为,贸易与贫困的关系是不确定的,或者对于不同类型的地区其影响是不同的(黄季焜,2005;李石新、邹新月、郭新华,2005;胡海军、张卫东、向锦,2007;郭熙保、罗知,2008)。⑤在国内地区间发展差距方面,刁新申等(2003)运用GTAP模型分析了中国加"入世"界贸易组织后对不同区域农业经济发展的影响,认为加"入世"界贸易组织将进一步扩大地区之间和部门之间的收入差距;陈开军(2006)通过面板数据模型实证分析了贸易开放对地区经济增长影响的差异,发现以贸易依存度度量的地区对外贸易开放程度通过影响全要素生产率的形式显著地促进了经济增长,但在地区之间有差异,东部地区较高的对外贸易开放度促进了经济快速增长,中西部地区对外贸易开放促进经济增长的作用则不明显。⑥在其他方面,一些学者主要从双边和区域贸易开放对农业和农产品贸易的影响,农业国内支持政策的评估,发展生物质能源对我国粮食安全和能源安全的影响等方面进行了不同角度的研究(孙笑丹,2003;王莉,2003;杨军等,2005;陈汉林、涂艳,2007;徐婧,2008;孙林,2008;吴凌燕,2008;吴强,2008;曹历娟,2009;陈支,2009;周应恒、赵文、张晓敏,2009;原瑞玲,2011;田国强、蒋俊朋、王莉,2012;田维明、高颖、张宁宁,2013;秦富、钟钰、贾伟,2015;马翠萍,2017)。

2. "入世"对中国不同地区农业和农村发展影响的研究

目前还未见到直接探讨"入世"对中国不同地区农业和农村发展的影响的相关文献,很多研究都是穿插在"入世"后贸易开放如何影响国内农业、农村发展的分析中。

卢峰和梅孝峰(2001)对中国加"入世"界贸易组织农业的地区影响作了间接分析。他们从要素禀赋和比较优势结构的角度展开,通过比较土地密集型和劳动密集型两类农产品在我国不同省份的国内比较优势,对"入世"农业的省区分布进行了预测。他们认为,假设"入世"的"比较静态"效应会刺激土地密集型农产品进口增加和带动劳动密集型产品出口,那么只需要比较这两类农产品在我国不同省份的国内比较优势,就可以间接得出各省份受影响的方向性判断,从而估测"入世"对农业区域分布的影响问题。刁新申等(2003)运用GTAP模型分析了中国加"入世"界贸易组织后对农业部门区域经济的影响,尤其是对欠发达地区农村经济的影响,认为中国加"入世"界贸易组织将进一步扩大地区之间和部门之间的收入差距。王丽娟(2005)否认了区域倾料政策是沿海和内陆区域经济差距扩大的主要原因,认为贸易政策的变化对产业集聚有重要影响,并且不同区域贸易参与度的差异也直接导致区域收入差距扩大。王莉

(2005) 分析了贸易自由化通过商品价格变动、产业结构调整、技术进步等对收入分配差距产生的影响。陈开军 (2006) 通过面板数据模型实证分析了贸易开放对地区经济增长影响的差异，发现以贸易依存度度量的地区对外贸易开放程度通过影响全要素生产率的形式显著地促进了全国经济增长，但在地区之间有差异，东部地区较高的对外贸易开放度促进了经济的快速增长，中西部地区对外贸易开放促进经济增长的作用不明显。胡海军等 (2007) 采用省级面板数据估计随机效应和固定效应模型的方法对我国贸易开放与贫困的联系作了实证分析，认为贸易开放促进了经济增长，改善了农民福利，减少了农村贫困人口，但不同地区种植不同农产品农户受到的影响不尽相同。郭熙保和罗知 (2008) 利用中国的省级数据分析贸易自由化对贫困的影响，发现贸易自由化通过促进经济增长提高了贫困人口的收入。其中，沿海地区和内陆地区数据的回归结果显示，贸易自由化对我国内陆地区贫困人口收入提高的边际作用更大；沿海地区参与贸易的程度远大于内陆地区，使沿海贫困人口的收入大幅度提高，而内陆地区贫困人口收入提高幅度不大，有些省份甚至还出现了下降。张建清 (2011) 通过 VAR 模型同时考察了贸易开放、市场化改革与中国地区收入差异之间的关系，实证发现对外开放会扩大区域差距，市场化改革会相对缩小这一差距，不同区域间发展不平衡的贸易开放和市场化改革使区域收入差距加剧。

(二) 研究方法综述

研究整个国家或农业行业所受影响的方法比较成熟，通常采用一般均衡 (Computable General Equilibrium，CGE) 模型或局部均衡 (Partial Equilibrium，PE) 模型。研究国内地区所受影响的方法尚不成熟，主要原因是受数据的限制，因而缺乏有价值的借鉴。早期关于"入世"对农业和农村发展影响的研究大多是从经典的贸易理论出发，结合统计描述进行定性的分析。随着计量经济学的发展与计算机技术的提高，较新的研究主要有：

一是借助各种成熟的局部均衡和一般均衡模型，如全球贸易分析模型 (GTAP) 和中国农业政策分析和预测模型 (CAPSIM) 等，就"入世"后有关政策变动可能产生的影响进行模拟 (中国农业大学经济管理学院课题组，1999；黄季焜、李宁辉，1999；Anderson, Huang and Ianchovichina, 2002；介跃建，2003；黄季焜等，2005；Yang, Zhang, and Huang, 2006；李众敏、吴凌燕，2007；黄鹏、金柳燕，2010；刘慧，2011)。此外，基于中国加"入世"界贸易组织在市场准入方面做出的承诺，李善同和翟凡 (2000)、Zhai 等 (2003)、Ianchocichina 和 Walmsey (2003) 运用动态的可计算的一般均衡模型 (DRC-CGE)，从经济增长、结构调整、收入分配和贫困等方面就"入世"之后的影响进行评估。另外，随着近些年来区域经济一体化迅速发展，国内外采用一般均衡分析方法对区域贸易安排效应进行模拟的研究也有很多（Rosa，1998；Walmsley，Betina and Robert，2000；Greaney，2001；Zheng and Qi，2007；陈雯，2002；王莉，2003；薛敬孝、张伯伟，2004；曹宏苓，2005；董瑾、江山，2005；邵家兵，2005；杨军、黄季焜、仇焕广，2005；李建平，2006；周曙东等，2006；李众敏，2006，2007；胡俊芳，2007；胡冰川，2007；张伟，2007；赵金龙，2008；魏巍、魏超，2009；崔奇峰，2009；李秀娥，2009；彭高群，2009；彭支伟，2009；周曙东、崔奇峰，2010；李佩婷，2011）。

二是借助有关统计数据建立计量经济学模型，来评估"入世"之后影响我国农业与农村发展的主要因素及其相互作用机制。白描（2011）用1999～2008年分省统计数据建立了Panel模型，并且在影响因素方面，除了考虑加"入世"界贸易组织扩大贸易开放的影响之外，同时还考虑了我国在"入世"后所实施的一系列支农和惠农政策，包括粮食直补、综合直补、减免农业税、鼓励出口等。该文综合这些因素分别从粮食安全、农民收入、农民就业与收入差距四个角度系统、全面地定量评估了"入世"后扩大贸易开放对我国农业和农村发展的实际影响。该文的实证分析结果表明：①国民经济是影响我国农业与农村经济的主导因素。②"入世"对我国粮食安全、农民收入、农村劳动力就业城乡和农村内部收入差距的实际影响比理论预期要小得多。③整体贸易开放程度的提高加快了农业生产结构的调整速度，但却不利于农村劳动力就业的增加。④农产品进口开放程度的提高主要会引起农村居民人均实际收入水平的下降、谷物播种面积的减少以及城乡居民收入差距的扩大；而农产品出口开放程度的提高则主要会带动农作物播种面积的增加。⑤从模型的结果以及"入世"后我国农业与农村经济发展的实际绩效来看，粮食直补政策、减免农业税政策以及财政支农政策在保障国内农业生产、促进农村经济的发展等方面确实起到了积极的作用，在一定程度上缓解了"入世"所带来的冲击。该文分析的侧重点也不是区域差异，而是把各区域都看作一个观察样本，用计量方法得到总体的"平均"行为。

三是利用有关计量经济模型去实证分析扩大贸易开放对农业和农村发展所造成的各种影响，结论也有很大的差异性。

从现有的研究文献中可以看出，研究"入世"后扩大贸易开放对中国农业和农村发展的影响的方法主要包括以定性分析、局部均衡、一般均衡模型来进行事前模拟和以计量经济学模型来进行事后评估，鲜见有人用一般均衡方法来对"入世"影响做"反事实"的事后模拟以及用案例和计量实证方法剖析"入世"对中国不同地区农业和农村发展影响的差异。

(三) 文献综合评价

通过上面对国内外已有研究成果的总结可以看出，关于"入世"对我国农业与农村发展的影响的事前预测研究有很多，内容涉及我国农业与农村发展的整体及各主要方面，而关于"入世"的事后影响，研究的一个重点就是探求学术预期与农业实际发展绩效之间产生偏差的原因，研究结论也各不相同。尽管已有研究为本书的分析提供了丰富的、可借鉴的思路与方法，但到目前为止，在综合考虑贸易开放、国内政策与制度改革以及宏观经济增长等因素的情况下，运用一般均衡方法来对"入世"影响做系统、全面的"反事实"的事后模拟，用计量实证模型等方法深入到地区层面来评估"入世"后扩大贸易开放对我国农业和农村发展影响差异的研究尚不多见，这也是本书的一个突破口和创新点。

同时，随着计算机技术的不断发展和局部均衡、一般均衡方法应用的日益成熟，近年来国内外出现了大量利用GTAP、CAPSIM等模型对有关政策变动可能产生的效果进行模拟的研究，以及与之相关的计量实证的文献，这也为本书研究提供了可行的实证方法与参考依据。

总之，就"入世"对我国农业和农村发展影响这个问题的已有研究来看，可以归纳为四个方面：一是早期研究多是在"入世"前后从传统经典贸易理论的角度来定性预测和分析"入世"后扩大贸易开放对我国各个行业和产业的整体影响；二是部分学者在"入世"之前就我国加"入世"界贸易组织后可能受到的冲击（主要是对农业方面研究）进行了多角度、多方位的定量事前模拟评估；三是近年来不少研究对"入世"后就双边和多边贸易谈判方案进行模拟评估以得出可能的影响；四是个别学者采用计量经济学实证方法，事后评估了"入世"对农业和农村发展的影响。从上面分析可以看出，"入世"前后国内外大量学者就"入世"对我国农业和农村发展可能造成的影响作了广泛深入的研究。但由于受到数据资料等因素的限制，到目前为止，综合考虑扩大贸易开放、实施国内政策改革与宏观经济变动等因素，系统地运用定量分析的方法深入地区层面，并作地区间比较的研究不多，而本书尝试在这一方面有所突破。

二、贸易开放与区域经济发展关系理论

(一) 贸易开放与区域经济发展理论

1. 古典经济学家的观点

亚当·斯密认为，分工能大大地提高劳动生产率，进而增加国民财富。斯密所指的国际分工是按照绝对成本高低进行的，即分工和专业化生产，构成了经济增长的源泉。同时，亚当·斯密还是最早系统阐述国际贸易与经济增长相互关系

的经济学家。他提出的动态生产率理论和"剩余产品出口"(Vent for Surplus)模型,对以后的理论发展有重要影响。他假定一国在开展国际贸易之前,存在着限制的土地和劳动力。他认为提高劳动生产率是增加国民财富的重要条件之一,分工的发展是促进生产率长期增长的主要因素,而分工的程度则受到市场范围的强烈制约。对外贸易开放则拓展了市场范围,因而贸易开放的扩大必然能够促进分工的深化和生产率的提高,使区域资源配置得到优化,进而促进区域经济增长(姜文学等,2009)。

大卫·李嘉图在1817年提出了建立在劳动生产率相对差异基础上的"比较成本说",他认为按照比较成本优势进行国际分工,可使资源配置更加合理,从而增加生产总量、促进经济增长。

约翰·穆勒较为系统地论述了贸易的发展利益。他第一次明确区分了贸易利益和发展利益,他认为国际贸易具有两种利益:一种是直接利益,另一种是间接利益。直接利益包括两个方面:一是通过国际分工,使生产资源向效率较高的部门转移,从而提高产量和实际收入;二是通过贸易可以得到本国不能生产的原材料和机器设备等该国经济活动持续进行所必需或不可缺少的物质资料。间接利益包括四个方面:一是通过贸易分工推动国内生产过程的创新和改良,提高劳动生产率;二是通过产品进口造成新的需求,刺激和引导新产业的成长;三是通过开展国际贸易引进进口竞争,刺激储蓄的增加,加速资本积累;四是灌输新思想和新爱好,转移技术和企业家精神等(钱方明,2006)。

2. 对外贸易是经济增长发动机的学说

罗伯特逊首次提出对外贸易是"经济增长的发动机"(Engine for Growth)的命题。该观点主要认为,后进国家可以通过对外贸易尤其是出口增长来带动本国经济的增长。20世纪50年代,纳克斯对这一学说又进行了进一步的充实和发展。纳克斯理论认为,出口贸易通过加速器原理成为推动经济增长的主导力量,起着增长动力的作用。这一理论指出,出口带动经济增长的途径包括:①出口带动进口。较高的出口水平意味着这个国家有了提高其进口水平的手段,能增加资本货物的进口,取得国际分工的利益,同时大大节约了生产要素的投入量,有助于提高工业的效益,促进经济增长。②出口有利于专业化分工,提高劳动生产率。出口的增长也趋向于使有关国家的投资领域发生变化,使它们把资金投向国民经济中最有效的领域,促进有关国家按比较优势进行专业化生产,提高劳动生产率。③出口使一国得到规模经济的利益。国内市场加上国外市场比起单独的狭小的国内市场更能容纳下大规模的生产。④世界市场上的竞争会给一国的出口工业造成压力,以降低成本,改良出口产品的质量,并淘汰那些效率低下的出口工业。⑤一个日益发展的出口部门还会鼓励国内外的投资,并刺激加工工业或所属工业以及交通运输、动力等部门的发展,同时促进国外先进技术和管理知识的引进(张二震,1995)。

3. 内生性增长理论

20世纪80年代中后期,罗默(Paul Romer)和卢卡斯(Robert Lucas)提出了内生性增长理论,为对外贸易与经济发展相互关系的理论提供了新的依据。罗默把知识积累看作经济增长的一个独立因素,认为知识可以提高投资的效益,知识积累是现代经济增长的重要源泉。国际贸易可以使知识在世界范围内加快积累,使世界总的产出水平提高。对穷国来说,国际贸易可以引入发达国家的新技术来提高本国的劳动生产率;同时,引进新技术还可以节约本国的研究与开发费用,而把这部分资源用于新投资,这样就可以促进穷国经济迅速发展而缩短与富国之间的差距。

卢卡斯认为,只有特殊的、专业化的、表现为劳动者劳动技能的人力资本才是经济增长的真正源泉。人力资本的形成除了到学校学习之外,还可以通过边干边学的方式,这就为教育经费缺乏的发展中国家提供了一个积累人力资本的新思路:从国外引进高科技产品,通过直接操作新设备或消费新产品等方式在实际中积累经验,学习掌握高新技术(海闻等,2003)。

4. 其他相关理论

赫克歇尔与俄林的要素禀赋(H-O)理论把区域贸易融入新古典经济理论,并使其成为一般均衡理论的重要组成部分。该理论认为,不同地区有不同的资源禀赋、人力资源基础与经济发展史,这使其生产的某些产品具有绝对或相对优势。因此,一个国家在国际分工和国际贸易体系中生产和出口丰富生产要素种类的商品,进口稀少生产要素种类的商品会提高国家和地区的福利水平,促进经济发展。

刘易斯提出的二元经济模型,把发展中国家的经济划分为工业部门和传统农业部门。工业部门通过积累和吸收传统农业部门的剩余劳动力,必然会推动整个经济的增长,尤其是在剩余劳动力尚未吸收完毕,工业部门无须上升的情况下,利润和积累在国民收入中的比重将不断上升,经济增长将加速。如果工业部门生产的是出口产品,传统农业部门生产的是进口产品,对外贸易无疑将有助于扩大工业部门的市场和需求,并降低劳动力的工资,从而进一步增加工业部门的利润和积累,促进经济增长。

马克斯·科登论述了对外贸易对经济增长率的影响效应。科登认为,一国或区域对外贸易,将对宏观经济产生以下五个方面的影响:一是收入效应,即通过贸易,提高了收入水平,贸易的静态利益转化为国民收入总量的增加。二是资本积累效应。当派生于贸易利益的一部分收入增加额被用于投资时,该国的资本积累就会增加。三是替代效应。如果投资品是进口含量较大的产品，则由于贸易的开展，会使投资品对消费品的相对价格下降，这将导致投资对消费的比率提高。因为投资成本的下降，人们更多地将收入用于投资，而投资率的提高无疑会带动经济增长率的上升。四是收入分配效应。贸易的发生将会使收入转向出口生产大量使用的生产要素，这些生产要素的报酬大大提高。如果各个生产部门或各种生产要素所有者的储蓄倾向不同的话，则这种收入分配的变化又会影响储蓄率的高低。例如，当收入更多地分配于储蓄倾向较高的部门或要素所有者时，则在其他条件不变的前提下，储蓄率就会提高，因而提高了资本积累率。五是要素加权效应。假定生产要素的劳动生产率增长不一致，那么产出的增长率就可视为各种生产要素增长率的加权平均数。当出口扩大，并且出口生产使用的是那种增长更快的生产要素时，出口生产的增长率往往会提高得更快。科登认为，所有上述效应都是累积性的，这意味着贸易对经济增长的贡献作用将随着经济的发展逐渐得到强化（钱方明，2006）。

综上所述，古典经济学、对外贸易是经济增长发动机的学说、内生性增长理论等均从贸易利得的角度论证了自由贸易政策的好处，为贸易开放提供了理论依据。

（二）贸易开放对区域农业和农村经济发展的影响机制

"入世"后，农产品关税降低，多种非关税措施取消，政府对农业生产、消费和贸易的干预受到约束，这些因素都会影响到农业和农村经济的发展。

第一，从静态角度来分析在既定的资源禀赋、技术和消费偏好下扩大贸易开放带来的整体影响。一般认为，从国民经济整体看，我国的农业总体上缺乏比较优势，非农业则有较强的国际竞争力，特别是其中的劳动密集型产业及适合大规模制造的产业；在农业内部，粮食和其他一些大宗农作物生产缺乏比较优势，部分园艺作物、水产品和深加工农产品则有较强的国际竞争力。在上述背景下，扩大贸易开放将同时引起国民经济范围的产业结构调整和农业内部产业结构调整，生产要素的配置也会随之改变。图2-1反映出扩大贸易开放引起的国民经济结构调整①。假定某国的国民经济由农业和非农业两个部门组成，利用既定的资源禀赋和技术可以生产的两种产品组合由图2-1中的生产可能性曲线QQ表示，其中纵轴为农产品产出，横轴为非农产品产出。假定扩大贸易开放前的国内市场比价线为P_d，国际市场比价线为P_w，两者的斜率不同仅仅是由于该国对农产品进口征收关税。后者的斜率大于前者，表明国际市场农产品价格相对较低。扩大贸易

---

① 此处假定该国仅用进口关税措施干预贸易，扩大贸易开放对应于完全取消关税。

开放前，国内生产组合对应于 P_d 线与 QQ 线的切点 A，国内消费组合对应于 P_d 线与效用曲线 U_1 的切点 B，农产品产出为 Q_{A1}，非农产品产出为 Q_{I1}，相应的贸易三角为 ABC，即该国进口 BC 数量的农产品，出口 AC 数量的非农产品。扩大贸易开放后，国内比价由国际比价确定，新的生产组合为 Pw 线与效用曲线 U_2 的切点，农产品产出为 Q_{A2}，比之前大幅下降，非农产品产出为 Q_{I2}，产出有所增加，贸易三角变为 DEF，两种产品的进出口数量均增加，消费者的福利水平由 U_1 提高到 U_2。这些变化意味着，扩大开放后国外农产品的价格优势得以体现，该国的农业生产萎缩，自给率下降。与此同时，该国的生产要素从效益低的农业流向非农业，要素所有者的收入得到提高，国家的整体福利也得到提高。将图 2-1 中的农产品替换为粮食、非农产品替换为其他农产品，就可以用于对扩大贸易开放后农业内部发生的结构调整作剖析。与前一种情况相类似，扩大贸易开放后缺乏比较优势的粮食生产将下降，而其他农产品生产将增加，两种产品的进口和出口贸易均将扩大。

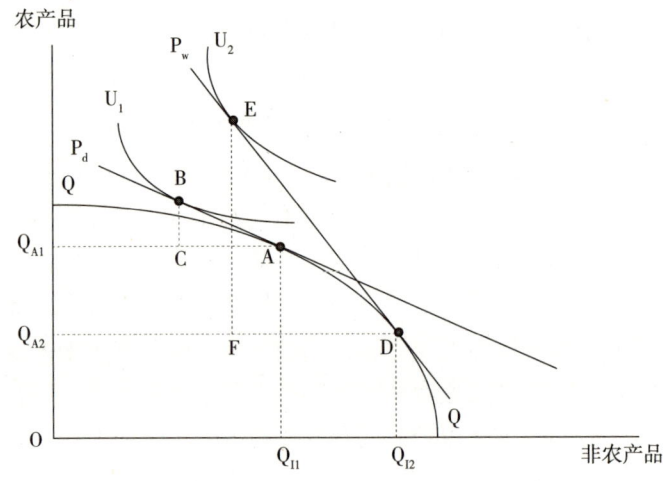

图 2-1 扩大贸易开放对不同产业的潜在影响

第二，扩大贸易开放还会对不同地区农业和农村经济发展产生差异性的影响。图 2-2 反映出扩大贸易开放对不同地区的影响。假定一国生产两种产品：进口替代产品和出口导向产品，劳动力为流动要素，其他要素为固定要素，利用既定的资源禀赋和技术可以生产的两种产品组合由图 2-2 中的生产可能性曲线 QQ 表示，其中纵轴为进口替代产品，横轴为出口导向产品。假定扩大贸易开放前，河南（内陆地区）和山东（沿海地区）面临着相同的国内市场比价线为 P_d，两地区面临相同的国内市场消费偏好,国内生产组合对应于 P_d 线与 QQ 线的切点 A,国内消费组合对应于 P_d 线与共同效用曲线 U_1 的切点 B,进口替代产品产出为 $Q_{d进}$,出口导向产品产出为 $Q_{d出}$,相应的贸易三角为 ABC,即该国进口 BC 数量的进口替代产品,出口 AC 数量的出口导向产品。扩大贸易开放后,山东作为沿海地区,假定其产品市场价格与国际市场接轨,不存在交易费用,即满足:

$$\frac{P_{s出}}{P_{s进}}=\frac{P_{w出}}{P_{w进}} \tag{2-1}$$

其中,$P_{s出}$,$P_{s进}$,$P_{w出}$,$P_{w进}$ 分别表示山东出口导向产品价格,山东进口替代产品价格,世界出口导向产品价格,世界进口替代产品价格。然而河南作为内陆地区,进出口产品则存在交易成本,因而在山东产品市场价格的基础上均需考虑运输费用(C),即 $P_{h出}=P_{s出}-C$,$P_{h进}=P_{s进}+C$($P_{h出}$,$P_{h进}$ 分别表示河南出口导向产品价格,河南进口替代产品价格),因此在国内外统一市场价格下,就必须满足:

$$\frac{P_{h出}+C}{P_{h进}-C}=\frac{P_{s出}}{P_{s进}}=\frac{P_{w出}}{P_{w进}} \tag{2-2}$$

进一步可以推出:

$$\frac{P_{h出}}{P_{h进}}<\frac{P_{s出}}{P_{s进}}=\frac{P_{w出}}{P_{w进}} \tag{2-3}$$

因此,扩大贸易开放后,河南产品的市场比价线(P_h)要比山东产品的市场比价线(P_s)更平缓一些。这时,河南新的生产组合为 P_h 线与 QQ 曲线的切点 D,山东新的生产组合为 P_s 线与 QQ 曲线的切点 G。可以看出,扩大贸易开放后,在生产结构上,两省的生产要素进一步得到了优化配置,生产结构更加按照比较优势进行了调整:进口替代产品的生产都出现了萎缩,而出口导向产品的生产则都出现了扩大,但河南在生产结构调整力度上不如山东大。在贸易结构上,两省相应的贸易三角分别为 DEF 和 GIH,两省的进口替代产品的进口量和出口导向产品的出口量比扩大贸易开放之前都有所增加。但相比而言,受运输费用等因素限制,河南在进出口贸易规模上要明显低于山东,两省之间的贸易规模差距变大,因此可以说扩大贸易开放拉大了不同地区的开放度水平。

第三,扩大贸易开放后,要素的跨地区流动加剧也会对要素报酬产生影响。根据新古典贸易理论,一国的资源禀赋决定了该国在哪些行业上具有比较优势,比较优势结构则决定了开放贸易后的产业结构调整方向和相应的要素配置调整方向。开放贸易后,具有比较优势的产品出口到国外,国内生产该产品的产业随之扩大规模,其对生产中使用的各种要素的需求也相应地增加;缺乏优势的产品将

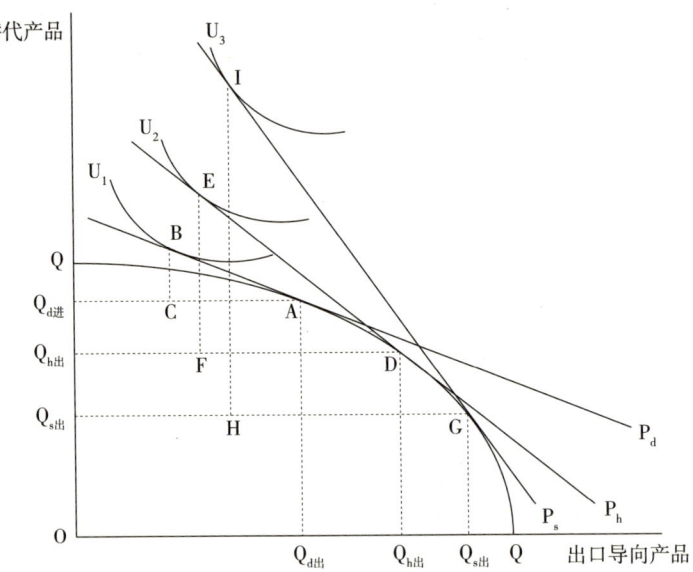

图 2-2 扩大贸易开放对不同地区的潜在影响

从国际市场进口，导致行业的生产能力萎缩。此时，要素会从进口替代行业流向出口导向行业，即发生跨行业的重新配置。当两个行业使用的要素结构不同时，一个行业释放的要素组合与另一个行业需要的要素组合不相匹配，此时要素的价格会发生调整，由此导致行业内不同要素之间的替代。这一调整过程的逻辑后果是，该国具有优势的行业密集使用的专用要素报酬上升，缺乏优势的行业密集使用的专用要素报酬下降；自由贸易下的市场竞争不仅导致同种流动要素在一国所有行业都获得相同的报酬，而且不同国家间要素价格也会出现趋同。

将上述纯粹的推理放在我国场景下可能会出现这样的局面：中国作为一个劳动资源丰富、土地资源稀缺的国家，具有比较优势的行业是劳动密集型行业（假定为非农业），依赖土地的农业则处于比较劣势。扩大贸易开放后，非农业产品出口和农产品进口增加，这使部分农业资源（包括劳动和土地）从农业生产中被释放出来流入非农业部门。由于农业部门释放的土地相对较多而劳动相对较少，土地的租金会出现下降，而劳动报酬则会上升。农户作为自有劳动的所有者和承包土地的使用者，其收益如何变化取决于两种要素报酬变化产生的综合效应。类似地，在农业部门内部，资源会从大宗农作物生产中释放出来并流向有较强竞争优势的其他农业产业，如相对劳动密集的园艺业。

由于新古典贸易模型的假定前提是要素具有同质性并且要素市场具有充分竞争性，这种假设并不完全符合现实，因此真实环境下发生的情况与上述推断会有显著差别。就我国情况而言，最突出的问题之一是劳动力并非同质，并且制度因素限制了农村劳动力向城镇迁移，即劳动要素并不能够跨行业自由流动。类似地，我国的农村土地也由于受到制度因素约束而难以跨行业配置，甚至难以在农户之间流转。由于上述情况，农村劳动力或土地在短期内成为农业的"专用生产要素"，这使理论上推断的"贸易利益"在现实中难以充分实现，不同行业的专用要素收益可能出现不同方向的变化。这种可能出现的情况可以用图2-3中的专用要素模型来解释。图2-3解释了当某种生产要素（假定为土地）为专用要素时，开放贸易引起的流动要素（假定为劳动）配置变化和两种要素的收益变化。假定该国经济由农业（用下标A表示）和工业（用下标I表示）两个部门组成。图2-3中的横轴反映该国拥有的全部劳动资源量，横轴上任意一点给出劳动资源在两个行业的配置，由左向右移动反映出农业劳动数量增加，工业劳动数量相应地减少。用工业产品价格P_I作为一般等价物，用MPL表示劳动的边际产出，定义开放贸易前的比价为$p=P_A/P_I$，此时农业中劳动的边际产出价值为$P_A MPL_A/P_I = pMPL_A$，工业中劳动的边际产出价值为$P_I MPL_I/P_I = MPL_I$。由于其他条件不变时劳动更多地用于农业会引起MPL_A减小和MPL_I增大，因而曲线$pMPL_A$的斜率为负值，MPL_I的斜率为正值。在劳动为流动要素的假定下，竞争会导致两个行业的劳动工资趋同，即最初的均衡发生在E点，均衡时的相对工资水平为$(w/P_I)_0$，此时用于农业的劳动数量为L，其余劳动用于工业生产。若该国的农业部门缺乏比较优势，那么在开放贸易后农产品价格会下跌，假定比价变为p^*，农业的劳动边际产出价值曲线下移到$p^* MPL_A$，新的均衡发生在E^*点，均衡时的相对工资下降到$(w/P_I)_1$，部分劳动力从农业外流到工业，减少的数量为$L-L^*$。

在图2-3中，尽管开放贸易后劳动的相对工资降低，但由于进口农产品导致P_A下降，工资的实际购买力如何变化取决于消费者购买两种商品的支出结构，并不一定下降①。从政策角度看，需要关注的情况是专用要素的收益变化。在图2-3中，劳动边际价值曲线之下的面积为该行业两种要素的总收益，其中用于支付工资的部分是均衡工资线下的面积，反映两者之差的三角区域面积是专用要素的收益。开放贸易前，农业中专用要素的收益为△AEC，工业中专用要素的收益为△FEG；开放贸易后，前者减少到△BE^*D，后者则增加到△FE^*H。这一变化表明，开放贸易使农业中专用要素所有者的利益受到损害，而使工业中专用要素所有者的利益得到改善。

---

① 如果用农产品价格作为一般等价物，利用同样的分析方法可以得出，开放贸易后均衡时的相对工资(w/P_A)将上升，但两个行业专用要素的收益变化格局仍相同。

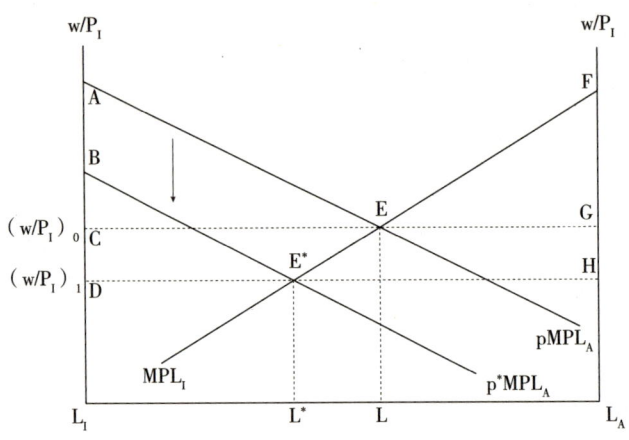

图 2-3 专用要素模型

在我国的现实环境中,土地和农村劳动力都具有专用要素性质,资本则具有较强的流动性。因而如果扩大农业贸易开放导致农产品价格下降,农民的利益就非常容易受到损害。针对这种情况,可以利用贸易救济措施来缓解对农民收入的不利影响,但这种做法只能短暂地产生积极效应。要想从根本上解决问题,增强专用要素的流动性是必由之路。就农村劳动要素而言,应该做的是通过教育和培训提高农村劳力的专业能力,并消除对劳动力流动的制度性限制。

第四,从小国角度来分析农产品出口补贴和国内生产补贴的经济效应。扩大贸易开放背景下,为了适应世界贸易组织规则和保护国内农业发展,我国取消了农产品出口补贴并采取了农产品生产补贴。图 2-4 是小国提供农产品出口补贴的局部均衡分析,图中 D 和 S 分别代表该国的某种农产品的需求和供给曲线。在自由贸易条件下,该产品的世界市场价格是 P_w,产量为 OQ_S,消费量为 OQ_D,出口量为 Q_DQ_S。如果该国政府提供农产品出口补贴,则对于本国生产者而言,其出口获得的收入为(P_w+补贴),比在国内销售更有利可图,因此会尽量出口。本国消费者只有付出与生产者所得到的一样的价格,才能确保一部分商品留在国内市场而不是全部出口,因此国内市场价格将上升到(P_w+补贴)的水平。在此价格下,该国相应农产品的产量增至 OQ'_S,消费量降至 OQ'_D,出口增至 $Q'_DQ'_S$。可以看出,该农产品的高价格使生产者受益而使消费者受损,同时该国还得负担补贴的成本。在出口补贴实施后,国内消费者剩余的损失为(a+b),国内生产者获利(a+b+c),政府补贴为(b+c+d),该国的国民福利净损失为(b+d)。其中 d 是由于本国的生产资源从效率高的部门转移到效率低的部门而带来的福利损失,b 是由于消费者减少消费所带来的福利损失。图 2-5 是小国提供国内农产品生产支持补贴的局部均衡分析,与图

2-4类似,如果该国政府对某农产品提供生产补贴,本国生产者仍按原来的市场价格 P_w 销售,但实际获得的收入为(P_w+补贴),在此价格下,该国相应农产品的产量增至 OQ'_S,国内市场价格 P_w 不变,消费者仍将消费 OQ_D,进口则降至 $Q'_SQ'_D$。由于国内价格没有变动,消费者也就没有福利损失,国内生产者获利 a,政府提供的生产补贴为(a+b),该国的国民福利损失为 b。

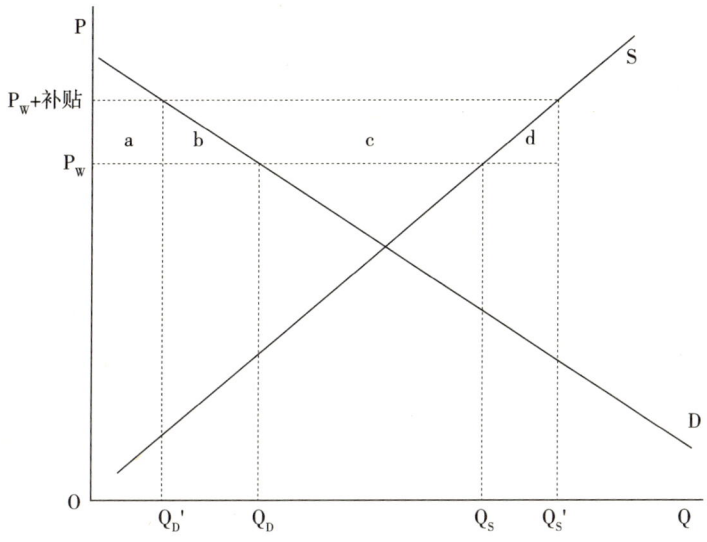

图 2-4 农产品出口补贴局部均衡效应

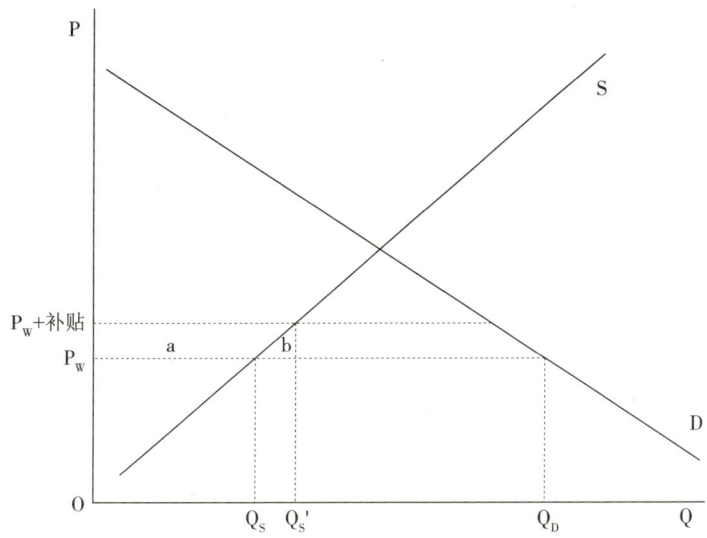

图 2-5 农产品生产补贴局部均衡效应

第五，从区域角度来看，扩大贸易开放后：区域资源将更加按照比较优势进行优化配置，市场规模的扩大也有利于实现规模经济；沿海地区凭借着地理位置的优势，往往更容易吸引外商的直接投资，外向型产业发展迅速，农业进出口量大，贸易开放度也更高；国内外市场联系密切程度的增加，也使国内农产品价格更易受到国际市场价格波动的影响，由于沿海和内陆地区与海外市场联系程度不同，国际价格在区域间的传导时间上存在差异，总体来讲，国际市场价格信号是从沿海逐步向内陆地区传递的，这在某种程度上也决定了沿海地区农业产业结构调整速度要比内陆地区更快一些；社会文化及思想观念开放、人力资本水平高、政府公共服务好等因素也会促使当地选择更加开放的农业发展模式并促进地区贸易发展。

三、实证分析方法

定量评估政策制度变化对国民经济整体及其各组成部门影响的两种常用方法是计量经济模型和政策模拟模型。本书拟运用定性和定量分析方法来分析扩大贸易开放对我国不同地区农业和农村发展的影响。在定量研究方面本书主要运用统计描述分析方法、一般均衡分析方法和计量经济学中的协整分析方法。

（一）统计描述分析方法

为了比较"入世"前后河南、山东两省农业和农村发展要素禀赋条件、发展绩效等方面情况，本书结合相关统计资料进行了相应的统计描述分析。由于样本资料等原因限制，本书从自然地理条件和农业生产条件两个方面对比分析了两省的农业发展条件，在此基础上，又利用农业生产能力、农业贸易开放、农村居民收入等绩效评价指标对两省的农业发展情况进行了比较分析。

（二）一般均衡分析方法

要想从国家层面分析扩大贸易开放对中国农业和农村发展产生的可能影响，很显然仅依靠单方程和一般意义上简单的联立方程组很难实现，这是因为传统建立的计量经济模型对数据的可靠性和样本容量大小的依赖性很强，独立估计的模型通常无法体现经济体系的内在复杂联系。然而可计算一般均衡模型通常基于新古典经济学，因而反映的行为满足理论要求，并且可以体现经济体系内在的复杂联系。

可计算一般均衡模型（CGE模型），经过几十年的发展，作为一国政策分析的有力工具，得到了越来越广泛的应用。CGE模型起源于西方经济学中的瓦尔拉斯一般均衡理论，是由抽象的瓦尔拉斯一般均衡理论衍变而成的关于实际经济的数学模型。CGE模型通常对一个经济体进行数学上的模拟，从而反映这个经济体如何通过对商品和要素的数量和价格的调整，实现瓦尔拉斯一般均衡理论所描述的供需平衡。

（1）从需求角度看：每个消费者对商品的需求量不仅取决于该商品的价格，而且还取决于其他商品的价格，并且与消费者的收入水平高低相关。同时消费者的收入还由消费者提供的生产要素的数量和价格来决定。因此，在生产要素既定的情况下，单个消费者对商品的需求量，取决于整个商品市场需求对所有产品和生产要素的价格。

（2）从供给角度来看：每个生产者对商品的供给量一方面取决于该商品的价格，另一方面还与其他商品的价格和生产成本相关。但厂商的生产成本取决于生产要素的数量和价格。因此，在生产要素既定的情况下，厂商对产品的供给取决于整个产品市场供给对所有产品和生产要素的价格。

（3）从生产要素需求的角度来看：厂商使用生产要素的数量取决于产品和各种生产要素的价格。

（4）从生产要素供给的角度来看：生产要素的供给来自要素的供给者（消费者），因此，要素的供给量和价格取决于要素供给者消费商品的价格和数量。

在过去十多年中，CGE 模型最重要的发展是 GTAP 模型在世界范围内的广泛应用。本书就是采用 GTAP 模型，GTAP 模型是一种比较静态的一般均衡模型，在模型中，假设市场是完全竞争的，生产的规模报酬不变，生产者使生产成本最小化，消费者使效用最大化，所有产品和投入要素全部出清。每种产品的生产采用嵌套的不变替代弹性函数，中间投入品是由国内和国外产品通过不变替代弹性函数复合而成，不同的国外产品按原产地进行分类（阿明顿假设），并通过不变替代弹性函数复合为单一的进口产品。在要素市场上，假设劳动力在国内可以自由流动，而土地则不是完全流动的。各国按照柯布—道格拉斯方程以固定比例将收入分配到居民消费、储蓄和政府消费。居民消费与储蓄的支出方程采用固定差异弹性（Constant Difference of Elasticity，CDE）效用函数，政府消费的支出方程采用柯布—道格拉斯方程。在模型中，假设来自不同国家和地区的产品（本产品及进口产品）非同质，本国产品和来自外国的进口产品都是不完全替代品（此即所谓 Armington 假设）。另外，模型还包括一个"国际银行"（global bank），负责吸收各国的储蓄，用以满足各个国家的投资需求；模型也包括一个"国际运输部门"，负责国家间的产品运输，用以平衡到岸价（CIF）与离岸价（FOB）之间的差异，并通过双边贸易将世界各国联系起来（见图 2-6）。

GTAP 数据库主要是根据各个区域的投入产出表编制而成，数据库中的双边贸易数据采用了世界银行等权威部门发布的资料。同时，为了提高模型的预测精

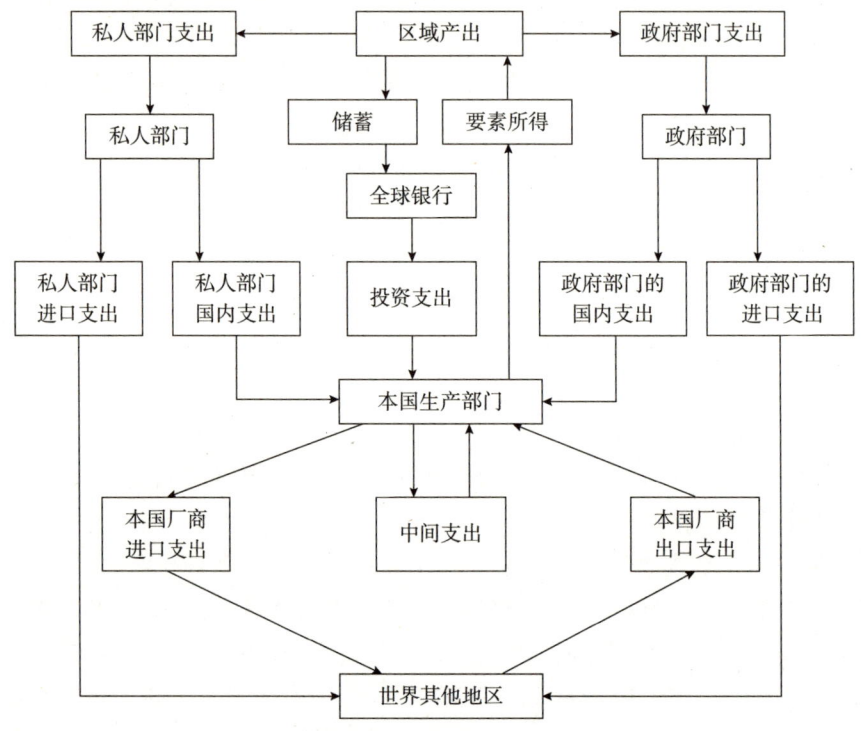

图 2-6 GTAP 模型结构

资料来源：Hertel，T. W. Global Trade Analysis Using the GTAP Model [M]. New York：Cambridge University Press, 1997.

度并且使模拟结果更贴近实际情况，通常要对数据库中人口、非熟练劳动力、熟练劳动力、自然禀赋、GDP 等外生经济变量数据进行外推升级，而一般采用的方法就是 Walmsley（2000）创造的递推动态（dynamic recur-sion）的方法（见图 2-7）。

GTAP 模型通常对政策定量分析具有良好效果，能够对政策选择和决策提供具体并且比较准确的建议。近年来，国内外众多学者运用该模型研究了贸易政策改革的效应，其中，这些研究者利用 GTAP 模型分析中国"入世"所产生的影响主要有以下几个方面：中国农业大学经济管理学院课题组（1999）的研究结果表明，由于我国在农业生产上的比较优势趋于下降，开放市场后农产品进口将趋于增加，农业部门将面临巨大的调整压力，但农业生产仍将继续增长，农民收入也会明显提高；Ianchovichina 等（2001）运用 GTAP 模型预测了中国经济在不同增长率和政策方案下的发展情况，认为"入世"会使中国的农业 GDP 下降，从净

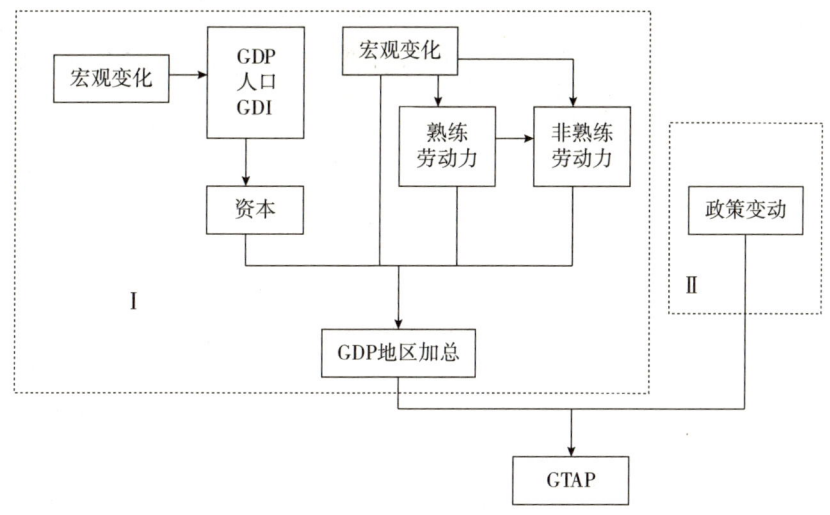

图 2-7　GTAP 数据的动态递推

资料来源：周曙东，胡冰川，吴强，崔奇峰．中国—东盟自由贸易区的建立对区域农产品贸易的动态影响分析［J］．管理世界，2006（10）：14-21．

出口国变成净进口国；Anderson（2004）根据 GTAP 模型分析"入世"对农民收入的影响，研究认为即使一些土地密集型的产品价格会下降，但是劳动密集型产品价格和源于非农业的收入将会有上升趋势；田维明（2007）运用 GTAP 模型模拟了多哈回合多边贸易政策变化对我国饲料粮和相关粮食产品以及畜产品的生产和贸易的影响。当今世界主要经济组织，如世界贸易组织、国际货币基金组织、世界银行等都已经采用 GTAP 模型对国际经济进行了分析，并且获得了良好的结果。当然，尽管 GTAP 模型基于新古典经济学，具有扎实的理论基础，但可能与各国的现实制度环境仍存在差异，并且模型参数设定主要依据研究者的判断和经验，模拟结果的可靠性不具有可检验性。

（三）协整分析方法

计量经济模型可以依据研究目的专门设定，从而能够较好地体现制度特征，并且可以依据统计检验结果评价模型的优劣。本书主要通过 Johansen 模型、误差修正模型和 Grange 因果关系检验进行研究。Johansen 模型可以识别市场之间是否存在长期协整关系，误差修正模型可用于对市场之间受到冲击后动态的调整过程及市场之间的作用机制进行分析，Granger 因果检验可以识别两个市场的价格信息传导方向。

1. 平稳性检验

如果利用非平稳的时间序列数据估计模型，往往会出现虚假回归问题，所得到的 t、F、R^2 统计量都是失效的，分析、检验和预测的结果都是无效的。因而在利用时间序列数据建立模型前有必要对数据的性质进行检验，其中单位根检验（unit root test）是普遍应用的一种检验方法。简单来说就是对时间序列及相应的差分序列进行单位根检验，确定序列的单整阶数（如果一个序列成为稳定序列之前必须经过 d 次差分，则该序列称为 d 阶单整），只有两个序列的单整阶数相同时，才可能存在协整关系。单位根检验一般使用 ADF 检验（Augmented Dickey-fuller Test, 1981）方法，其模型为：

$$\Delta y_t = \alpha + \beta y_{t-1} + \gamma t + \sum_{i=1}^{n} \delta_i \Delta y_{t-i} + \varepsilon \quad (2-4)$$

2. 协整检验

假定一些经济指标被某经济系统联系在一起，那么从长远看来这些变量之间应该具有均衡关系。在短期内，因为季节影响或随机干扰，这些变量有可能偏离均值。如果这种偏离是暂时的，那么随着时间的推移将会回到均衡状态，而协整可被看作这种均衡关系性质的统计表示。如果这种偏离是持久的，就不能说这些变量之间存在均衡关系。Johansen 检验是目前普遍采用的基于回归系数的协整检验。Johansen 检验以两种检验统计量的形式显示：第一种检验结果是所谓的迹统计量，第二种检验结果是最大特征值统计量。

3. 误差修正模型

误差修正模型（ECM）是一种具有特定形式的计量经济模型，反映了变量之间的短期动态关系。其基本思路是：若变量间存在协整关系，即表明这些变量间存在着长期稳定的关系，而且这种长期稳定的关系在短期动态过程的不断调整下得以维持。产生这种结果的原因在于，大多数的经济时间序列的一阶差分是平稳序列。同时，存在某种联系方式把相互协整过程和长期稳定均衡状态结合起来。误差修正模型必须建立在时间序列变量间具有协整关系的基础之上。误差修正模型的基本形式是：

$$\Delta y_t = \alpha_0 + \sum_{k=1}^{m} \alpha_k \Delta x_{t-k} + \sum_{k=1}^{m} \beta_k \Delta y_{t-k} + \delta(y_{t-1} - \lambda x_{t-1}) + \mu_t \quad (2-5)$$

其中，$\delta(y_{t-1} - \lambda x_{t-1})$ 为误差修正项，表示了当价格关系偏离长期均衡位置时，重新回到原有均衡关系的调整速度。δ 称为修正系数，反映误差修正项对 Δy_t 的调整速度。如果 δ 的估计值接近 -1，意味着均衡校正机制的反应速度很快，短期的扰动项能够很快得到校正，使变量重新回到均衡。如果 δ 的估计值接近 0

时，意味着一旦受到某种偶然因素的冲击，重新回到均衡的速度很慢，两个变量之间缺乏密切的短期联系。

4. 格兰杰（Granger）因果检验

格兰杰因果关系检验可用于确定市场价格信息在市场间的传导方向。格兰杰（1969）对变量之间的因果关系作了如下定义：如果 x 是引起 y 变化的原因，则 x 应该有助于预测 y，即 y 关于 y 过去值的回归中，添加 x 的过去值作为独立的解释变量，应该显著增加回归的解释能力。此时，称 x 为 y 的原因。如果添加 x 的滞后变量后，没有显著增加模型的解释能力，则称 x 不是 y 的原因。

四、本章小结

本章从理论上分析了扩大贸易开放对区域农业和农村经济发展的影响机制。从整体来看，扩大贸易开放后国家的整体福利将得到提高，缺乏比较优势的产品生产将下降，而具有竞争优势的产品生产将增加，两种产品的进出口贸易规模都将扩大。从区域来看，扩大贸易开放对一个国家不同地区有着不同影响，沿海地区依靠优越的地理位置，贸易得到了快速发展，贸易开放度较高，福利水平增加较快；相比之下，内陆地区受交易成本（如运输费用等）的影响，贸易发展较慢，贸易开放度有限，福利水平也更低，这在某种程度上导致不同地区最终形成了不同的贸易发展模式。从要素报酬变化情况来看，扩大贸易开放后，要素的跨地区流动加剧也对要素报酬产生了影响：在短期，开放贸易使农业中专用要素所有者的利益受到损害，而使工业中专用要素所有者的利益得到改善；在长期，流动加强将导致要素价格在不同产业、不同地区之间趋同。

第三章　扩大贸易开放对中国农业和农村发展影响的事后模拟

2001年年底，中国正式加"入世"贸组织，"入世"后我国履行了相应的承诺。同时，为了适应区域经济一体化的发展趋势和应对更加开放的市场环境，我国还积极参与了双边自由贸易区建设并实施了一系列的农业支持政策。这些政策措施的实施，给国内的农业和农村发展带来了深远影响。本章在综合考虑"入世"十多年来我国主要宏观政策变动（主要是农业方面）的基础上，运用 GTAP 模型，从事后的角度来"反事实"模拟评估"入世"对国内农业发展的影响和作用机制，并识别出哪些因素造成了这样的影响，试图在国家层面上揭示出扩大贸易开放对我国农业和农村发展的重要作用。

一、"入世"后中国宏观经济政策的变动

（一）我国"入世"与农业有关的承诺

2001年12月11日，中国正式成为世界贸易组织成员。"入世"后中国按照世贸组织的有关规定，履行了相应的承诺。我国"入世"承诺中与农业有关的部分涉及以下诸方面：农产品进口方面的关税减让、关税配额及其管理、特殊保障条款；农产品出口方面的出口补贴、反倾销与反补贴中的成本和价格计算中的特殊规定、专门针对中国的过渡期保障机制；国内支持方面的"黄箱"政策补贴微量允许幅度、发展中国家免予减让的"黄箱"政策；服务领域中的农业生产资料经营权、农产品仓储权；贸易政策审议与司法审议方面的有关规定等。

1. 农产品市场准入

"入世"后，按照世界贸易组织的一般原则，为了使农产品贸易保护更加透明，中国取消了《世界贸易组织协定》中所规定的不得采取的所有非关税措施，实行非关税措施（包括进口数量限制、进口禁令、自愿出口限制等）的关税化。对所有农产品的关税均实行上限约束，并且将算术平均关税率由"入世"时的21.2%降低到2004年的17%。甚至在对美国有重大利益的一些商品上，我国承诺对关税做更大幅度的削减，如肉类、园艺产品和加工食品的平均税率到2004年下降为14.5%。然而与部分发达成员国和发展中成员国农产品关税水平（见表

3-1)相比,中国的关税水平还是很低的,市场开放度远远大于其他发展中成员,甚至在一些方面大于发达成员。

表 3-1 部分发达成员国和发展中成员国农产品的最终约束关税以及执行关税①

单位:%

	欧盟	美国	日本	澳大利亚	加拿大	韩国	巴西	印度	印度尼西亚	墨西哥	中国
最终约束关税	5.8	6.9	6.9	3.2	3.5	52.9	35.5	114.5	47.0	35.1	15.8
执行关税	5.9(2004)	5.1	7.3	1.1(2003)	3.1	42.1(2003)	11.7	36.9	8.2	24.5(2003)	19.2

注:除表中注明时间外,其他均为2002年数据。
资料来源:世界贸易组织统计数据库/trade profiles。

在大幅度降低主要农产品关税水平的同时,中国也对粮食(玉米、小麦、大米)、棉花、食用油(大豆油、棕榈油和菜籽油)、食糖和羊毛等敏感性农产品的进口实行了关税配额管理。关税配额的数量、配额内外关税、配额分配中的非国营贸易份额等承诺如表3-2所示。在关税配额管理方面,尽管世贸组织有关法律文件中,对农产品关税配额的分配等管理方法并没有统一的规定,但是在我国的"入世"谈判中,却对我国农产品的配额发放等管理方法,提出了一系列承诺要求,包括规定了垄断性国营贸易在进口配额中的份额(也就是将一定的配额份额分配给了非国营贸易)等要求,而在农用生产资料方面,在"入世"减让表中具体规定了有关磷肥、尿素和复合肥的关税配额管理办法,三种化肥的配额内税率均为4%。综观我国农产品关税配额,中国在粮、棉、油、糖、毛等大宗农产品领域所承诺的配额数量很大,从表3-3中可以看出,中国在小麦、玉米、棉花、食糖、羊毛和食用油的配额总量所占比重不仅排在第一位,而且绝大多数远远高于排名第二的成员所占的比重。特别是大米、食用油、棉花和羊毛,中国所承诺的配额数量占到总配额数量的2/3甚至90%以上。

表 3-2 我国主要农产品关税配额承诺

	配额数量(万吨)		国营贸易份额		关税率		
	2002年	2004年	2002年	2004年	配额内	配额外2002年	配额外2004年
小麦	846.8	963.6	90%	90%	1%	74%	65%

---

① 此处农产品的最终约束关税是简单的从价税平均。

续表

	配额数量（万吨）		国营贸易份额		关税率		
	2002年	2004年	2002年	2004年	配额内	配额外2002年	配额外2004年
玉米	585	720	68%	60%	1%	74%	65%
大米	399	532	50%	50%	1%	74%	65%
豆油	251.8	358.71（2005）	34%	10%（2005）	9%	63.3%	9%（2006）
棕榈油	240	316.8（2005）	34%	10%（2005）	9%	63.3%	9%（2006）
菜籽油	87.89	124.3（2005）	34%	10%（2005）	9%	63.3%	9%（2006）
食糖	176.4	194.5	70%	70%	20%~15%（2004）	71.6%	50%
羊毛	26.45	28.7	—	—	1%	38%	38%
棉花	81.85	89.4	33%	33%	1%	61.6%	40%

注："—"代表在羊毛关税配额数量分配上，不单独给国营贸易企业分配份额，与一般企业同等待遇。

资料来源：对外贸易经济合作部世界贸易组织司．中国加"入世"界贸易组织法律文件 [M]．北京：法律出版社，2001.

表3-3　我国主要农产品配额数量及所占比重

	小麦	玉米	大米	棉花	食糖	羊毛	食用油
中国配额量（万吨）	964	720	532	89	195	29	800
总配额量（万吨）	2401	2190	740	100	605	30	1182
中国所占比重（%）	40	33	72	89	32	98	68
中国排名	1	1	1	1	1	1	1
排名第二的成员所占比重（%）	日本（24）	韩国（28）	日本（10）	美国（9）	欧盟15国（23）	波兰（2）	委内瑞拉（10）

资料来源：笔者根据世界贸易组织统计数据库整理得出。

2. 出口补贴

我国早在1997年"入世"谈判期间就向世贸组织承诺，将在"入世"后停止使用农产品出口补贴。在1999年中国与美国达成的双边协议中，我国承诺在"入世"后立即取消农产品出口补贴，在最终达成的"入世"议定书中，我国再次重申了对农产品出口不实行任何补贴的承诺。

3. 国内支持

中国在"入世"时承诺,今后的综合支持量确定为零,并且放弃根据《农业协定》给予发展中国家的特殊和差别待遇条款扶持农业的权利,对于国内支持量很少的情况称为"微量允许",不需要纳入计算和削减。根据《农业协定》,中国承诺对农产品国内支持的"黄箱"微量许可为8.5%,即特定产品补贴和非特定产品补贴均不得超过农产品总产值的8.5%。"黄箱"政策补贴不能超过微量许可。中国可以使用发展中国家的农业生产者可普遍获得的投资补贴、低收入或资源贫乏地区生产者可普遍获得的农业投入补贴,但是要纳入"黄箱"支出计算。

4. 其他方面

我国在"入世"时还在其他方面做出了一些承诺:

农产品特殊保障条款。农产品特殊保障条款是《农业协定》中规定的一个保障性条款,我国在"入世"谈判中放弃了使用这种特殊保障条款的权利。

过渡期保障机制。其实际内容就是世贸组织的一般保障措施,但是与一般保障措施又有一个极为重要的区别:一般保障措施不区分产品的来源地,而过渡期保障机制则专门针对中国产品。

开放农业服务领域承诺。在"入世"后的3年内,允许国外经营者从事农药和农膜的批发与零售,在"入世"的5年内,允许外国经营者从事化肥的批发与零售。

农用生产资料市场准入承诺。在化肥、农机等农用生产资料方面,我国也做出了一些市场开放承诺:对化肥进口采取关税配额机制,在"入世"减让表中具体规定了有关磷肥、尿素和复合肥的关税配额管理办法,三种化肥的配额内税率均为4%。从2002年到2006年,磷肥的市场准入量由540万吨提高到690万吨,尿素的市场准入量由130万吨提高到330万吨,复合肥的市场准入量最初年份为270万吨,在以后的8年中按5%的速度逐年增长。

卫生与植物卫生检疫措施。世贸组织允许各国采取正常的以保护人类健康、动植物生命安全及其生长为目的的措施,但这些措施不应构成不公正的歧视,从而造成隐蔽性,对农产品国际贸易进行限制。中国按照"入世"时的承诺,取消了所有缺乏科学依据的动植物卫生措施,并建立了符合国际规范的进口产品检疫制度,对进口农产品的病虫害检疫和质量检验采取了符合国际规范的做法。

(二)"入世"后相关经济政策的变动

"入世"以来,国内外经济政策发生了一系列重大的变化。一方面,为保障农业生产稳定、提高农民的收入、维护农村经济社会平稳发展,中国政府实施了一系列支农、惠农的政策(包括粮食直补、综合直补、减免农业税、鼓励出口等);另一方面,"入世"十年来,在经济全球化和区域经济一体化迅猛发展的大背景下,中国也积极参与了双边和区域性自由贸易组织,这对中国农业发展也产生了重大的潜在影响。

1. 减免农业税政策

农业税是国家对一切从事农业生产、有农业收入的单位和个人征收的一种税,俗称"公粮"。农业税起源较早,中国过去称田赋,西方国家称地租税或土地税。据史料记载,农业税始于春秋时期鲁国的"初税亩",到汉初形成制度。中华人民共和国成立以后,1958年6月3日,第一届全国人民代表大会常务委员会第96次会议通过《中华人民共和国农业税条例》,1994年1月30日,国务院发布《关于对农业特产收入征收农业税的规定》。农业税在我国税收收入中所占的比重逐年下降,1950年为39%,到1979年则降至了5.5%。随着经济的不断发展,我国进入了工业反哺农业的新阶段。近年来,为了保障农产品的供给、提高农民的收入水平和增加农村劳动力的就业机会,我国政府采取了一系列扶持农业的措施以减轻农民的负担,减免农业税政策就是其中之一。2000年在安徽开始政策试点,之后不断扩大减免农业税的范围。2003年开始在全国范围内推行农村税费的改革,措施包括:取消乡统筹、农村教育集资等专门向农民征收的行政事业性收费和政府性基金、集资;取消屠宰税;取消统一规定的劳动义务工;调整农业税和农业特产税政策;改革村提留征收使用办法等。2004年,我国取消了牧业税和除烟叶外的农业特产税;随后在吉林、黑龙江等8个省份全部或部分免征了农业税,将河北等11个粮食主产省的农业税税率调低三个百分点,其他地方的农业税税率调低一个百分点。2005年年底,免征农业税的省份已达到了28个,此外河北、山东、云南三省的210个县(市)也全部免征了农业税,近8亿农民直接受益。同年12月,十届全国人大常委会第19次会议通过决定,自2006年1月1日起废止《农业税条例》,让9亿中国农民彻底告别了缴纳农业税的历史,也让农业税正式退出了在中国上千年历史的舞台(白描,2011)。

2. 财政支农政策

为了提高农业综合生产能力、促进农民收入提高、推动新农村建设事业,中国政府从2002年以来实施了一系列强农、惠农的财政政策。

首先是粮食直补政策。2002年,我国在安徽、吉林、湖北和河南的几个县进行了粮食直补的试点工作;2004年以后,我国陆续在全国范围内将通过流通环节给予国有粮食企业间接补贴的方式改为了对种粮农民的直接补贴,将国家财政资金按照一定的标准直接下放到种粮农民的手里,大部分地区以农户的耕地面积作为计算补贴金额的依据。总体而言,国家用于粮食直补的财政支出力度在逐年增大。相对于之前的间接补贴而言，粮食直补政策在保障国家的粮食安全、调动农民的种粮积极性以及提高农民的收入水平等方面起到了更为积极的作用。

其次是良种补贴政策。该政策针对优势区域内种植主要粮食作物的农户根据品种给予一定的资金补贴，其目的主要是引导农民积极使用优良的作物种子，提高良种的覆盖率，增加主要农产品（特别是粮食）的产量，改善品质，推进农业区域化布局。其中，在全国31个省份实行水稻、小麦、玉米、棉花的良种补贴全覆盖；在辽宁、吉林、黑龙江、内蒙古4个省份实行大豆的良种补贴全覆盖。2010年扩大了对马铃薯的补贴范围，启动了青稞良种补贴，实施花生的良种补贴试点。各地主导品种的筛选由省级农业部门具体负责，在符合国家有关扶持政策的前提下，优先选择生态适应性好、符合生产需要、市场前景较好的品种。政策的实施过程中坚持品种择优和农民自愿的原则，在一定程度上对保障我国的粮食安全起到了积极的作用。

最后是农资具购置补贴。农机具购置补贴是指国家对农民个人、农场职工、农机专业户和直接从事农业生产的农机作业服务组织购置和更新大型农机具给予的部分补贴。2004年中央安排了财政资金0.7亿元在66个县实施农资具购置补贴。之后，不断加大补贴资金的投入力度，扩大在全国的实施范围。据财政部数据显示，2018年是新一轮农机购置补贴政策实施的启动年，各级农业农村、财政部门密切配合，扎实推进农机购置补贴政策实施，全年工作进展顺利，共实施中央财政农机购置补贴资金174亿元，扶持163万农户购置机具191万台（套）。相比往年，2018年各省补贴范围均有所扩大，重点新增了支持农业绿色发展的机具，比如河南、湖南、四川、山东等生猪大省将清粪机、粪污固液分离机等畜禽粪污资源化利用机具纳入补贴范围。在资金规模保持稳定的基础上，所有省份都明确，只要购置补贴范围内符合资质条件的机具均予以补贴兑付，取消了申请补贴指标等门槛，稳定了农民购机预期。这些政策措施的实施为提高农业机械化的水平、保障农业的生产能力奠定了坚实的物质基础。据中央农办主任、农业农村部部长韩长赋透露，2019年国家继续稳定农机购置补贴政策，中央财政拟安排180亿元对农机购置进行补贴。

除上述针对农业生产者的补贴外，国家还实施了一些针对基层政府的鼓励措施，如对生猪大县的奖励政策、对粮食调出地区的奖励政策等。根据财政部发布的数据，2003年以来，中央财政的农业补贴支出逐年增加（见表3-4）。这些措施不仅是向务农农户提供的经济激励（或补偿），更是向地方政府发出的有力信号，促使地方政府将发展粮食、油料、棉花、糖等重要农作物的生产作为施政的重要任务，并采取必要的保障措施。

表 3-4　我国财政农业补贴支出　　　　　　单位：亿元

补贴项目	2003年	2005年	2007年	2009年	2011年	2013年	2015年
粮食直补	—	132	151	151	151	151	151
良种补贴	3	39	66	155	220	265	204
农机购置补贴	0	3	20	130	175	215	237
农资综合补贴	—	—	276	795	860	1014	1071
合计	3	174	514	1275	1628	1645	1663

资料来源：根据财政部发布的财政决算资料整理得出。

在扶持农业生产的同时，我国政府还加大了对农村基础设施建设的投资及对农村公共服务的投资，涉及农田水利建设、耕地质量建设、农村生态环境保护、农村水电和能源供应、农村交通建设、农产品流通设施建设、农业产业化发展、农村教育和卫生医疗设施建设、农村广播通信事业建设、农村医疗保险和社会保障体系建设等。这些政策的作用并不只是弥补过去"三农"历史欠账，其更重要的作用是培育巩固农业和农村经济发展的长期基础，促进城乡协调发展和社会和谐。

根据财政部等有关机构的报告，"入世"以来我国政府用于"三农"的财政支出持续快速增长，在2002~2017年，中央财政"三农"支出从大约1600亿元增加到19089亿元，其中用于农业生产支持补贴支出1427亿元，扶贫支出3250亿元，农村基础设施建设支出1039亿元，农村综合改革支出1487亿元。① 本书主要考虑"入世"后中国的国内粮食补贴水平，书中假设为10%的水平。

3. 双边贸易安排

由于许多世界贸易组织成员出于经济和政治以及国家安全的考虑，致使世界贸易组织所倡导的多边贸易体制发展一再受挫。为寻求自身的更大发展，积极拓展空间，各国纷纷寻找各自区域贸易协定和双边贸易协定的合作伙伴，自由贸易协定（FTA）和区域贸易协定（RTA）已在很多世界贸易组织（WTO）成员现有贸易中占有极为重要的地位。中国从2004年才开始自由贸易区的建设，几年内进展迅速，到2011年9月中国已经签订协议的自由贸易区达到9个分别是：中国与中国香港、中国澳门更紧密经贸关系安排（CEPA）、中国—东盟、中国—巴基斯坦、中国—智利、中国—新西兰、中国—新加坡、中国—秘鲁、亚太贸易协定和中国—哥斯达黎加。考虑到后面研究的需要，这里主要介绍中国—东盟自

---

① 参见财政部关于2017年中央和地方预算执行情况与2018年中央和地方预算草案的报告。

第三章 扩大贸易开放对中国农业和农村发展影响的事后模拟

由贸易协定。

东盟是东南亚国家联盟（Association of Southeast Asian Nations, ASEAN）的简称，有10个成员国：文莱、印度尼西亚、马来西亚、菲律宾、新加坡、泰国、柬埔寨、老挝、缅甸和越南。中国—东盟自贸区是我国同其他国家商谈的第一个自贸区，也是目前建成的最大的自贸区。自20世纪90年代以来，我国与东盟的经济联系日益紧密，双边贸易持续攀升。2001年11月，"10+1"宣布十年内建成自由贸易区的目标。2002年11月，中国与东盟签署了《中国—东盟全面经济合作框架协议》和《农业合作谅解备忘录》，启动了中国—东盟自由贸易区建设进程。根据协议中的"早期收获"安排，双方将在很短的一个期间内将大约600种农产品的关税削减到零。从2006年开始，列入早期收获计划的农产品关税全部降为零，其中与泰国的早期收获计划已经从2004年开始实施。2004年11月，中国与东盟签署《中国与东盟全面经济合作框架协议货物贸易协议》，确定从2005年7月20日起全面启动降低关税的过程，该协议规定，到2010年中国和东盟成员将绝大多数产品关税削减为零，关税未削减为零的仅仅是少数产品。对未列入早期收获计划的产品分正常产品和敏感产品，分别按不同时间安排进行关税削减。中国和东盟成员各自确定了"敏感产品"和"高度敏感产品"列表，在较长时间内逐步降低关税①。我国将小麦、碎大米、原棉等列入敏感商品表，将玉米、大米、小麦粉、玉米粉、大米粉、大豆油、棕榈油、菜籽油、糖、已梳棉列入高度敏感产品表。2007年1月，中国与东盟又签署了自贸区《服务贸易协议》，已于当年7月顺利实施。2009年8月，中国与东盟签署了《投资协议》。2009年8月15日，《中国—东盟自由贸易区投资协议》签署，标志主要谈判结束。2010年1月1日，中国—东盟自由贸易区正式建立。自贸区建成后，中国与文莱、菲律宾、印度尼西亚、马来西亚、泰国、新加坡6个东盟成员国间，共计有超过90%的产品实行"零关税"，中国对东盟的平均关税将从9.8%降至0.1%，上述东盟成员国对中国的平均关税将从12.8%降至0.6%。越南、老挝、柬埔寨和缅甸四个东盟新成员国在2015年对90%的中国产品实现"零关税"的目标。到2018年，自贸区内所有国家的所有产品均实现零关税。为了简化问题，本书主要关注的是中国—东盟自贸区建设中的"早期收获计划"，按照计划要求降低相应产品的关税水平。

4. 其他重大事件

一是多边框架下的政策改革。世界贸易组织于2001年11月启动了新一轮多

---

① 根据协议，对于中国和东盟老成员国，敏感产品的应用最惠国关税要在2012年以前降低到20%，在2018年以前降低到0~5%；高度敏感产品的应用最惠国关税要在2015年以前降低到50%以下。

边贸易谈判,即多哈回合谈判。多哈回合谈判涵盖大约20个议题,按计划应在2005年1月1日前结束,但因涉及各方利益的进退取舍,尤其是在农业贸易政策改革问题上难以消除立场分歧,再加上2008年爆发全球金融危机改变了各国政府施政的优先事项,致使多哈回合谈判至今仍未取得实质性进展。由于多哈回合谈判的停滞,在本书探讨多边框架下的政策改革时,只考虑乌拉圭回合协议要求完成的各项改革。

二是俄罗斯等国家的"入世"。2011年12月16日,世界贸易组织第八次部长级会议正式批准俄罗斯加"入世"贸组织。俄罗斯农业资源丰富,中俄两国农业有较强的互补性,农产品贸易发展潜力巨大,俄罗斯"入世"对促进中国农产品贸易发展具有重要意义。从当前两国农产品贸易结构来看,中国主要是向俄罗斯出口蔬菜、水产品和水果等劳动密集型产品,进口则以水产品为主。但由于种种原因,尽管中俄农产品贸易额不断上升,但目前俄罗斯农产品贸易占我国农产品进出口贸易的比重却不高,2016年中俄两国农产品贸易额达39.12亿美元,进出口额分别只占当年中国农产品贸易额的1.8%和2.65%。

三是可能涉及中国利益的其他国家FTA建设:如美韩自贸区建设等。但出于简化研究的需要,本书在模拟方案设计中并未考虑后面这两点内容。

同时,扩大贸易开放后我国国民经济将更加按照比较优势进行资源的优化配置,要素也会加快流向效益更高的部门和产业。此外,扩大贸易开放后大量外资的进入和先进技术的引进等,也推动了我国技术的进步,而这些都会直接或间接影响我国农业的发展。

二、方法选择和数据校准

(一)方法选择

通过前面的讨论可以看出,在中国"入世"的十多年中,国内外政策发生了很多变化,这对我国宏观经济发展尤其对农业和农村发展都产生了深远影响。如果当初没选择"入世",中国的农业和农村发展与"入世"后的现状相比又会如何?扩大农业贸易开放在促进中国农业经济发展方面究竟发挥了多大的作用?为此,本书利用美国普渡大学的全球贸易分析模型(GTAP)对相应问题进行模拟。这一方法将农业置于国民经济体系之中,将我国置于整个世界经济体系之中,从而能够比较全面地评价世界范围的贸易政策改革和国内政策调整对我国农业发展产生的影响。由于研究目的的需要,尽管已拥有GTAP(第九版),但本书仍拟采用GTAP模型(第六版)对拟考虑的问题作模拟分析,该版是普渡大学2005年推出的,以2001年数据为基础,这一年恰好是中国"入世"年,因而可可以视作反映了"入世前"的状况。GTAP 基础数据库中包括 87 个国家（地区）和 57 种产品。

（二）数据校准

GTAP 数据库将投入产出表、总体数据（根据世界银行的数据）、双边贸易流量（根据 ERS/USDA 数据库）、服务贸易（根据 IMF 的 Balance of Payments 统计数据库）、国内支持（根据 OECD、FAO 数据）、农业出口补贴（根据 ERS/USDA 数据库）、优惠关税税率、保护数据和能源数据等均更新为 2001 年基准年的状态。数据质量的更新及修正主要着重于双边劳务贸易、政府消费、所得税、服务类贸易、贸易弹性及需求弹性，以及工农业产品关税涵盖优惠关税税率的范围，至于能源资料则以 IEA（International Energy Agency）统计数据库为基准。在 GTAP 基准方案中使用的主要变量假定参数中，人口、国民生产总值增长率数据来自世界银行数据库，耕地变化率数据来自 FAO 数据库，非熟练劳动力、熟练劳动力、资本和自然资源变化率数据参考其他类似研究中使用的数据资料（详见附表 1、附表 2 和附表 3）。

（三）国家/地区分组和商品分组

为了简化分析工作，本书按照各经济体所处的地理区域、与我国签订的双边贸易协议等标准，将整个世界经济划分为 14 个国家/地区（见表 3-5）。这一划分既可以达到分析我国与主要贸易伙伴之间双边关系的要求，同时也使计算工作量得到适当的简化。

表 3-5 模拟计算中采用的国家/地区分组

国家/地区	包括的对象	国家/地区	包括的对象
1. 中国大陆	中国大陆	8. 新西兰	新西兰
2. 中国台湾	中国台湾省	9. 北美	美国、加拿大、墨西哥
3. 日本	日本	10. 非洲	南非、其他非洲国家
4. 韩国	韩国	11. 欧盟	欧盟 27 国
5. 东盟	东盟六国	12. 东欧	俄罗斯、中东欧国家
6. 南亚	孟加拉国、印度、斯里兰卡、其他南亚国家	13. 拉美	拉美国家
7. 澳大利亚	澳大利亚	14. 其他国家	所有其余国家/地区

由于本书研究侧重探讨"入世"对我国农业发展的影响，在确定模拟分析中使用的商品分组基本保留了 GTAP 原始数据中的主要农产品类别，未列出的农产品归入其他农产品组中，而将与农业关系密切的皮革制品和纺织业并入纺织品

种类中单独列出，制造业和服务业部门则采用了高度综合的处理方式，共综合为18个行业，行业分组的具体情况如表3-6所示。

表3-6 模拟计算中采用的商品分组

商品类	所包括商品	商品类	所包括商品
1. 大米	稻谷和大米	10. 牛羊肉	牛肉、羊肉、马肉
2. 小麦	小麦	11. 猪禽肉	猪肉和其他肉制品
3. 粗粮	其他谷物	12. 水产品	水产品
4. 油料和油脂	油料、食用植物油和脂肪	13. 其他农产品	其他作物、其他动物、其他食品、羊毛、丝、饮料、烟草制品等
5. 糖	糖料（甘蔗、甜菜）和糖	14. 纺织品	纺织品、成衣和皮革制品
6. 植物纤维	棉花和麻类	15. 林产品	木材、木制品及纸制品
7. 奶类	原奶和奶制品	16. 矿产品	矿产品和能源
8. 草食动物	牛、羊、马	17. 制造业	所有制造业
9. 蔬菜水果	蔬菜、水果和干果	18. 服务业	所有服务业

三、基准方案和模拟情景设计

本书研究的侧重点是评价我国"入世"对农业发展产生的影响，模拟分析以2001年为基期，以2010年为目标年，通过政策方案模拟确定我国"入世"与"未'入世'"产生的影响。由于在2001年到2010年的这样一个长时期内国内经济和国际经济都会发展变化，要评估"入世"产生的影响，就必须"控制"由于其他因素变化所产生的影响不变。根据研究目标，本书设定了基准方案和几种不同的政策方案。基准方案用于"控制"其他因素的影响，主要是作为政策模拟方案的参照系，并反映"入世"及所有其他变化共同导致的实际情况。在政策方案中，为了分解出"入世"承诺中有关市场准入、出口补贴、国内支持等方面各自的政策效果，书中设计出了相应的四种不同政策方案，通过比较不同方案的模拟结果来反映不同政策的效果，探讨"入世"与"未'入世'"情况之间的差异，试图剖析"入世"对我国农业发展的影响。此项研究的关键是如何就政策方案反映的"未'入世'"情况作合理的假定，为此，本书设计了如下的模拟方案（见表3-7）：

表 3-7 模拟方案的设计

内容	主要内容和假定
基准方案	①各国家或地区人口、GDP、资源禀赋等的增长幅度 ②中国不同行业产出水平的增长幅度 ③中国全面履行加"入世"界贸易组织时的各项承诺 ④中国国内粮食补贴水平为10% ⑤中国—东盟自由贸易区建设开始降税过程,主要关注早期收获计划① ⑥其他国家或地区按照乌拉圭回合协议要求完成各项改革
政策方案1	①中国的多边关税无须削减,假设关税仍然保持在"入世"前的水平 ②其他国家无须给予中国关税减让 ③中国无法发展双边自由贸易区,假设中国—东盟自由贸易区没有建立
政策方案2	中国农产品出口补贴为零
政策方案3	中国国内粮食补贴水平为零
政策方案4	①中国的多边关税无须削减,假设关税仍然保持在"入世"前的水平 ②其他国家无须给予中国关税减让 ③中国政府加大国内支持力度,假定与"入世"后的支持水平一致 ④中国无法发展双边自由贸易区,假设中国—东盟自由贸易区没有建立 ⑤中国的技术进步率下调,假定为"入世"情况下的2/3

根据方案的设计,本书作模拟分析时采取了以下步骤:

首先,以2010年为模拟报告期,利用各种信息确定报告期的人口、GDP、资源禀赋等方面的情况。

其次,根据"入世"后的政策和市场环境由基期模拟2010年实际情况,其中包括各区域人口、GDP、资源禀赋、关税和国内支持外生,以及中国各行业产量和其他国家地区的行业产出技术外生,各区域的产出技术进步和中国各行业技术进步内生。

最后,以基准方案为基础,根据设计的"反事实"情况,分别对四种不同政策方案情景进行冲击,并对比相应的模拟结果,以评估不同政策方案的影响。

---

① 在本版本的GTAP数据库中,由于越南、柬埔寨、老挝和缅甸4个新东盟成员对中国的贸易额很小,仅占东盟全部国家对中国贸易额的不到5%,因此其关税变动对中国贸易的影响很小,因此此处只有东盟六国而没有这四国。

四、模拟求解及结果分析

(一) 基准方案

从严格意义上讲,在作"事后"分析时,基准方案应尽可能准确地反映2010年世界经济的发展情况,同时在本书中,模拟计算基准方案的主要目的是得到一个用于比较不同贸易政策和市场条件下的政策方案所产生影响的参照系。基准方案中,假定在"入世"情况下中国全面履行了相应承诺,加大了国内粮食生产的扶持力度,中国—东盟自由贸易区建设开始了降税过程,其他国家或地区则按照乌拉圭回合协议完成了各项改革。

(二) 政策方案一

在政策方案一的模拟情景下,本书主要考虑两种情形:在未"入世"情况下,一是中国不削减相关农产品关税,其他国家也无须给予中国相应的关税减让;二是中国无法发展双边自由贸易区,假设中国—东盟自由区贸易没有建立。

模拟计算结果表明,与基准方案相比,政策方案一的模拟情景对我国国内经济活动产生了显著影响,国民生产总值降低了2.2%,总福利下降了499.6亿美元。从表3-8列出的结果可以看出,我国大部分产品生产量都出现了下降,尤其是一些具有比较优势的产品,产量下降幅度更大,这也说明了降低关税、扩大贸易开放对促进我国产业结构优化具有积极意义。另外,由于国民经济萎缩,国内一些高收入弹性商品需求下降幅度较大,收入效应明显。

表3-8 政策方案一下对国内分类农产品的影响

商品	相对于基准方案的变化率(%)			商品贸易余额变化(亿美元)
	国内生产	国内居民消费	国内市场价格	
大米	0.6	0.4	0.2	-6.2
小麦	0.4	0.8	1.1	1.5
粗粮	-0.5	-1.8	-1.0	3.7
油料和油脂	2.2	-1.7	3.6	49.0
糖	1.9	-1.2	2.4	14.5
植物纤维	1.7	-1.4	0.9	27.2
草食动物	-0.8	-0.1	0.2	-9.9
奶类	-2.5	-4.5	-1.5	20.1
蔬菜水果	-2.9	-3.0	-4.2	-89.8

续表

商品	相对于基准方案的变化率（%）			商品贸易余额变化（亿美元）
	国内生产	国内居民消费	国内市场价格	
牛羊肉	-1.0	-2.7	-1.8	8.6
猪禽肉	0.4	-1.9	-1.1	9.4
水产品	-3.3	-2.8	-3.2	-77.0
制造业	-2.8	-2.1	-1.8	-307.6
纺织品	-3.5	-2.9	-5.0	-196.5
林产品	-1.5	-2.8	-1.9	-25.0
矿产品	2.6	-4.0	0.6	108.1
其他农产品	2.2	0.9	1.3	23.1
服务业	1.9	-2.6	-2.8	61.2
合计	—	—	—	-385.5

资料来源：GTAP 模型模拟结果。

（三）政策方案二

在政策方案二的模拟情景下，本书主要考虑国内农产品出口补贴取消的情况。由于我国在"入世"之前，只对粮食、棉花曾采用过补贴措施来鼓励出口，其他大部分农产品都没有采取过相应的扶持出口的补贴政策，"入世"后基本不受减让义务的约束，因而从总体上来看，取消农产品出口补贴对我国国内经济没有什么显著影响。

（四）政策方案三

在政策方案三的模拟情景下，本书主要考虑中国政府不加大国内农业支持力度，假设国内粮食补贴水平为零的情况。在"入世"后，国家为了减少贸易开放对主要农产品生产的冲击，保证相应的自给率，对粮食、油料和植物纤维等农产品进行了重点扶持。本书主要考虑粮食生产补贴，在政策方案三中，模拟结果表明，取消粮食生产补贴后，国内稻谷、小麦和粗粮生产分别下降了 0.4%、0.3%和 0.1%，而对其他产品的生产和整个国民经济基本没有影响。

（五）政策方案四

在政策方案四的模拟情景下，本书除了探讨上述三种政策方案同时发生的情况以外，还需考虑在未"入世"的背景下，中国的国内技术进步率也可能会下降，假设为"入世"情况下的 2/3。

1. 对国民经济的影响

相比较基准方案,中国在未"入世"情况下,由于资本积累水平和技术进步率的下降,导致了中国的GDP、家庭收入和居民消费支出都大幅降低,分别下降了18.6%、17.4%和18.1%。这也从反面充分说明了"入世"后,一方面随着关税的削减、贸易壁垒的降低、国内支持政策的实施以及双边和多边贸易自由化的深入,更进一步加强了中国与世界其他地区的经济联系,而扩大贸易开放过程中外资的大量进入和技术引进等措施都从整体上促进了中国经济的快速发展;另一方面,也暗示了中国农业部门与非农业部门同时开放比仅仅开放农业领域对国民经济发展的影响要深远得多。

2. 对农产品生产、消费和价格的影响

随着世界贸易自由化程度的提高,农产品贸易的扭曲效应逐步降低,各国国内资源分配格局会随之发生变化,也会更加按照比较优势调整国内生产结构,生产本国具有比较优势的产品,从而使相应产业结构发生较为显著的变动,以形成产品差异化发展,实现优势互补。表3-9中的模拟结果显示,中国在未"入世"的情况下,由于下调了技术进步率,所有农产品生产量都出现了下降,但不同类型农产品减少的程度有很大差异。在国内消费方面,由于中国未"入世",国内经济发展和居民收入水平提高将会受到很大阻碍,从而制约了国内大部分农产品的消费,尤其是一些高收入弹性商品需求下降幅度更加明显。在国内市场价格上,由于大部分农产品的国内消费量下降幅度高于生产量的下降幅度,除少数农产品价格会上升外,大部分农产品价格都有所下降。

表3-9 相对于基准方案,政策方案四下对我国分类农产品生产、消费和价格的影响

单位:%

产品	生产量	国内消费量	国内市场价格
大米	-5.8	2.6	6.4
小麦	-3.1	1.5	4.1
粗粮	-3.0	-2.4	1.2
油料和油脂	-2.8	-9.2	2.3
糖	-2.9	-4.4	1.5
植物纤维	-3.3	-8.1	-5.1
草食动物	-4.2	-6.1	-9.3
奶类	-3.9	-10.6	-5.5

续表

产品	生产量	国内消费量	国内市场价格
蔬菜水果	-7.4	-8.2	-9.1
牛羊肉	-5.7	-12.8	-3.9
猪禽肉	-3.6	-11.9	-3.2
水产品	-11.4	-12.7	-10.8
制造业	-19.1	-20.8	-3.6
纺织品	-12.7	-21.0	-6.2
林产品	-15.1	-14.4	-7.1
矿产品	-6.7	-10.6	-4.7
其他农产品	-8.5	-11.0	-1.6
服务业	-18.9	-19.8	-3.1

资料来源：GTAP模型模拟结果。

3. 对区域贸易的影响

从中国是否"入世"对世界各区域贸易整体发展的影响来看，相对于基准方案，政策方案四下中国进口将缩减18.2%，出口将减少21.9%，商品贸易盈余将下降615.4亿美元，说明不"入世"对中国贸易发展产生了不利的影响；反过来说，"入世"给中国提供了扩大贸易的良好机会，特别是进入其他国家市场的机会，这使中国得以实现出口调整增长和保持高额外贸盈余。对其他地区来说，在贸易平衡上有正也有负，不过总量相对较小。

从中国未"入世"对国内分类农产品贸易的影响看，根据GTAP模型模拟的结果，从图3-1中可以看出，蔬菜水果、水产品、纺织品等一些我国具有传统比较优势的产品贸易盈余下降幅度都很大并且均为负，这说明扩大贸易开放对促进出口、增加外汇收入都具有积极意义。

4. 对社会福利产生的影响

从福利变化的绝对量来看，在政策方案四下，中国的福利变化和前面分析的GDP变化方向是一致的，中国的福利水平将减少2836.1亿美元，为各区域中福利损失最大的地区，占整个世界总福利损失的86.9%。对其他区域而言，大多数区域的福利变化幅度相对较小，但基本是趋于下降的，这说明中国在"入世"情况下积极参与国际贸易也有利于增加世界其他国家和地区的福利。

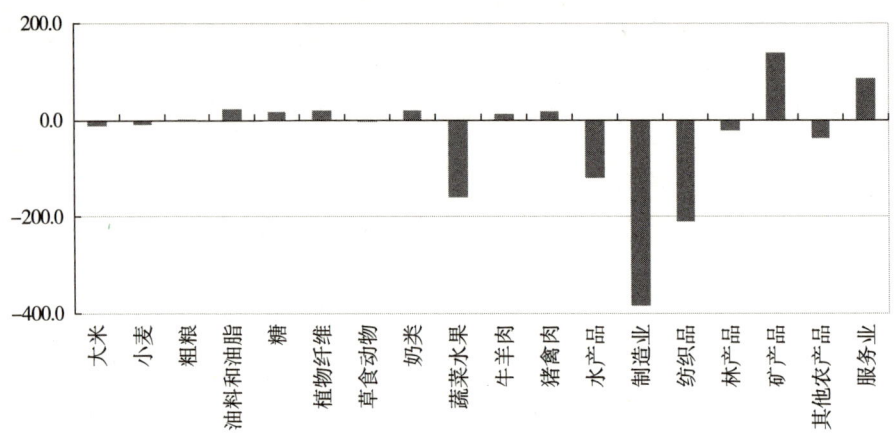

图 3-1 相对于基准方案,政策方案四下我国分商品贸易盈余变化情况
资料来源:GTAP 模型模拟结果。

从图 3-2 和图 3-3 中世界各区域福利所占的比重来看,对于中国而言,相对于 2001 年基期,两种方案(基准方案和政策方案四)下所占的福利比重差异很大,政策方案四下的福利比重下降 1.6%;而对其他区域而言,政策方案四下这些区域在世界福利中的比重都有所增加,尤其是欧盟和北美地区,福利比重增幅最大。

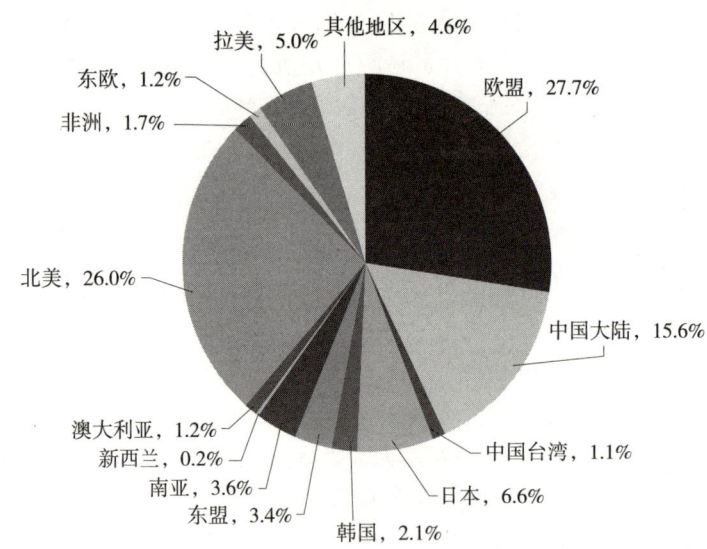

图 3-2 相对于 2001 年基期,基准方案下世界各地区福利所占比重
资料来源:GTAP 模型模拟结果。

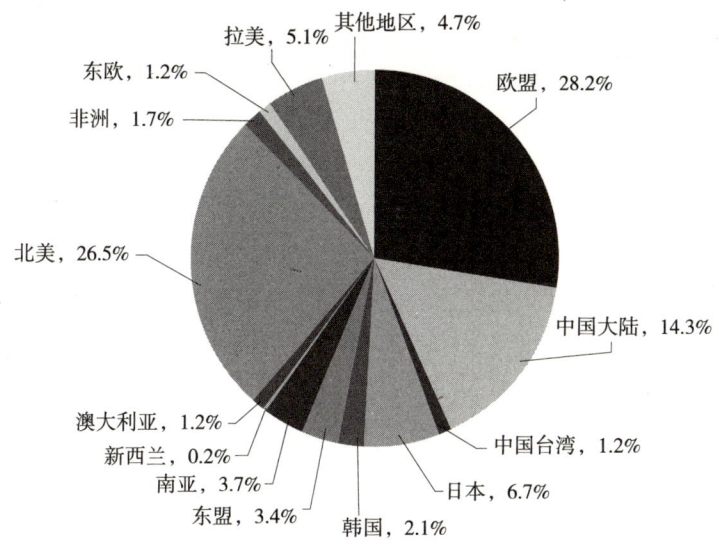

图 3-3　相对于 2001 年基期，政策方案四下世界各地区福利所占比重

资料来源：GTAP 模型模拟结果。

五、本章小结

本章运用一般均衡分析方法，通过设计不同情景的政策方案，事后模拟评估了中国"入世"对国内农业发展的影响，通过比较"入世"与"未'入世'"的结果差异，剖析了"入世"对我国农业发展所产生的可能实际影响。通过实证模拟研究得出，如果中国当初未选择"入世"：①中国的国民经济发展水平和福利水平将显著下降，而对世界其他地区的国民经济发展水平和福利水平影响相对较小；②我国大部分农产品的生产、消费和价格都会下降，进而将影响到国内农产品的生产种植结构；③在分类农产品贸易上，由于技术水平、劳动生产率和生产规模等的差异，不同部门会受到不同程度的影响，奶类、油和油脂这些我国具有比较劣势的农产品进口量将大幅度减少，蔬菜水果和水产品这些我国具有较强国际竞争力的农产品出口量将明显萎缩；④中国进一步扩大贸易开放，也间接保证了国家的粮食安全。"入世"后我国对油料等土地密集型农产品的需求增长迅速，但在现有土地资源等条件限制下，为了保证稻谷、小麦等粮食充足稳定供应，维护国家粮食安全，我国优先发展了粮食生产，利用国际市场进口了大量大豆等来满足国内相应消费的需求。

通过上面模拟的结果可以看出：一是尽管中国"入世"对整体经济的影响

是积极的，但对不同农产品生产、消费、价格和贸易的影响是有差异性的，再加上各个地区资源要素禀赋的不同，这种影响的差异性（尤其是价格影响），就必然会改变不同区域的农业生产结构，进而导致各个地区农民收入水平和收入差距的变化；二是在影响我国政府政策空间的因素中，影响最大的是削减关税，其次是国内支持，出口补贴的作用微不足道，这实际上暗示了我国在今后谈判中涉及关税减让上的立场①。当然本章对这些问题的研究还存在一些不足之处，有待进一步完善，主要体现在以下两个方面：一是为了研究简化的需要，在模拟方案设计中，"入世"十年间发生的很多经济政策、双边贸易安排等情况都没有考虑，并且其中许多假设也未必准确，这些都会影响到模拟结果的可靠性；二是研究中使用的GTAP模型数据库的基期为2001年，技术进步、关税、各种产品弹性等数值可能与现实有些差距，本书在研究中对此并没进行相应修正，这也会影响到研究结果的精确性。

---

① 由于基期时的国内支持力度很小，这可能影响到对其效应的评估，此处同样力度下选择不同方式的国内支持措施会产生不同效应，这也是GTAP模型未能充分体现的方面。

第四章 中国"入世"前后农业和农村发展
——河南和山东的比较

本章旨在分析"入世"前后河南和山东的农业和农村发展，研究内容主要包括河南和山东农业发展条件的比较，"入世"后河南和山东农业和农村发展绩效的差异。在探讨以上问题之前，很有必要从宏观角度了解一下中国"入世"在扩大农业贸易开放方面的承诺以及所采取的国内应对措施。

一、中国"入世"在扩大农业贸易开放方面的承诺

我国"入世"承诺中与农业有关的部分涉及以下诸方面：农产品进口方面的关税减让、关税配额及其管理、特殊保障条款；农产品出口方面的出口补贴、反倾销与反补贴中的成本和价格计算中的特殊规定、专门针对中国的过渡期保障机制；国内支持方面的"黄箱"政策补贴微量允许幅度、发展中国家免予减让的"黄箱"政策；服务领域中的农业生产资料经营权、农产品仓储权；贸易政策审议与司法审议方面的有关规定等。由于中国在"入世"后就必须履行在世界贸易组织《农业协定》中规定的三个主要领域（市场准入、出口补贴、国内支持）做出的相关承诺，为此，根据研究目的的需要，本书对我国"入世"有关农业方面的相关承诺进行简要设计：在市场准入方面，中国全面履行加"入世"界贸易组织时的各项承诺，各种主要产品关税水平按照"入世"进口关税减让时间表进行相应降税；在出口补贴方面，所有农产品出口补贴均为零；在国内支持方面，国内相关农业综合支持水平均为零。

二、中国采取的国内应对措施

"入世"以来，我国按照有关承诺大幅削减了农产品关税，取消了所有形式的出口补贴，履行了限制国内支持水平的义务。我国农产品平均关税水平不足世界平均水平的1/4，不仅低于大多数发展中国家，也低于不少发达经济体，已成为世界上农产品市场开放度最高的国家之一。为了缓解扩大贸易开放对国内农业发展造成的不利影响，保障农业生产稳定、提高农民的收入、维护农村经济社会平稳发展，中国政府采取了加大支农财政支出、减免农业税和扩大农

业补贴等一系列积极的农业支持政策（包括粮食直补、综合直补、减免农业税、鼓励出口等）。

（一）减免农业税政策

为了增加农民收入，降低农产品生产成本，提高产品国际竞争力，顺应"工业反哺农业"的趋势，我国从 2000 年开始在安徽实行减免农业税的试点，2005 年 12 月，十届全国人大常委会第 19 次会议通过决定，自 2006 年 1 月 1 日起废止《农业税条例》，这让 9 亿中国农民彻底告别了缴纳农业税的历史，结束了农业税在中国的上千年历史。

（二）财政支农政策

为了提高农业的综合生产能力、促进农民收入的提高、推动新农村建设事业，中国政府从 2002 年以来实施了一系列强农、惠农的财政政策。这些政策包括：粮食直补、良种补贴、农资具购置补贴、农资综合直补等。虽然其中的一些措施具有贸易扭曲效应，但从总体上看，我国的农业支持政策仍以改善公共服务供给为主要形式，多数属于"绿箱"政策。

三、河南和山东农业发展条件的比较

（一）自然地理条件

河南省位于中国中东部、黄河中下游，东接安徽、山东，北接河北、山西，西连陕西，南临湖北，东西长约 580 千米，南北跨度约 550 千米。山东省地处中国东部沿海、黄河下游、京杭大运河的中北段，境域东临海洋，西部内陆部分自北而南依次与河北、河南、安徽、江苏四省接壤，陆地南北最长约 420 千米，东西最宽 700 余千米。除了山东处于沿海地区这一特殊地理条件外，从表 4-1 中可以看出，两省的自然地理条件总体上还是很相似的。

表 4-1　河南和山东自然地理条件比较

	河南	山东
地理位置	北纬 31°23′~36°22′，东经 110°21′~116°39′	北纬 34°23′~38°24′，东经 114°48′~122°42′
面积状况	16.7 万平方千米，山地、丘陵、平原和盆地分别占总面积的 17.7%、26.6% 和 55.7%	15.67 万平方千米，山地、丘陵、平原、湖泊、其余分别占总面积的 15.5%、19.4%、55.0%、0.8%、9.3%

续表

	河南	山东
行政区划	17个省辖市，1个省直管市，县级行政区划单位共158个（其中52个市辖区，21个县级市，85个县），乡镇级行政单位2441个（其中650个街道办事处，1791个乡镇）	2个副省级市，15个地级市，县级行政单位137个（其中市辖区48个，县级市29个，县60个），乡镇级行政单位1826个（其中628个街道办事处，1198个乡镇）
气候资源	北亚热带向暖温带过渡的大陆性季风气候，年平均降水量为478~1167毫米，年日照时数为1468~2247小时，年平均气温在12.7~16.2℃，年无霜期207.9~271.7天	暖温带季风气候，年平均降水量为550~950毫米，年日照时数为2300~2890小时，年平均气温在11.0~14.2℃，年无霜期180~220天
人口	9559.13万人（2017年末常住人口）	10005.83万人（2017年末常住人口）

资料来源：笔者根据河南农业信息网和山东农业信息网的资料整理所得。

（二）农业生产条件

除了自然因素外，劳动力、资本、土地等也是农业生产的必要条件，这些要素禀赋对于促进农业生产发展、实现农业现代化、增加农民收入等都具有重要意义。表4-2比较了2000~2017年河南、山东两省的农业生产条件变化情况。在劳动力要素上，十多年来，两省从事第一产业的人员数量都明显下降，农村劳动力平均受教育年限则都稳步提高[①]；在物质资本要素上，两省对农业发展都很重视，财政支农资金数量不断上升，但山东的资本投入量要更高一些；在土地要素上，两省耕地面积都明显下降，但总量上河南省更多一些；在农业机械化水平上，河南在农用拖拉机数量上超过了山东，而山东的农业机械总动力、联合收割机和农用运输车数量却多于河南；在农业水利化方面，两省的耕地有效灌溉率都得到了不同程度的提高；在农业化学化水平上，山东的化肥施用量增长缓慢，而河南的化肥施用量却增长迅速，总量上两省已有一定差距；在农业电气化方面，山东农村用电量要高于河南。总体来看，这十年多来两省的农业生产条件都得到了明显改善，农业现代化水平显著提高，尽管两省的农业生产条件在不同方面存在一些差异性，但在不同方面各有优势，综合来看这种差别有限。

---

① 在国家发布的统计数据中，农村劳动力受教育程度分为不识字或识字很少、小学、初中、高中、中专、大专及以上等类别。农村劳动力平均受教育水平变量为用各类别受教育时间加权（分别为0年、5年、8年、11年、10年和14年）得出的平均值。

表 4-2 河南和山东农业生产条件比较

年份	第一产业从业人员数（万人）		农村劳动力文化状况（年）①		农业支出额（亿元）		耕地面积②（千公顷）		农业机械总动力③（万千瓦）		农用拖拉机（万台）	
	河南	山东	河南	山东	河南	山东	河南	山东	河南	山东	河南	山东
2000	3546	2888	7.21	7.27	14.0	21.2	6875	7672	5780.6	7025.2	231.3	158.3
2001	3478	2864	7.19	7.32	15.8	24.7	6907	7670	6078.1	7689.6	243.5	171.2
2003	3332	2638	7.22	7.38	21.0	42.5	7187	7593	6953.2	8336.7	268.6	183.0
2005	3139	2350	7.33	7.63	35.4	64.2	7201	7519	7934.2	9199.3	309.5	205.5
2007	2920	2265	7.52	7.75	152.5	163.0	7202	7507	8718.7	9917.8	338.7	221.9
2009	2765	2297	7.64	7.88	361.6	369.4	8192	—	9817.9	11080.7	390.2	236.8
2011	2670	2212	7.67	7.82	480.5	564.0	8162	—	10515.8	12098.3	386.8	247.5
2013	2563	2086	—	—	629.9	748.1	8141	7634	11150.0	12739.8	387.1	249.8
2015	2587	1963	—	—	791.6	964.4	8106	7611	11710.1	13353.0	379.9	244.5
2017	2494	1857	—	—	916.8	953.6	8112	7590	10038.3	10144.1	363.4	248.0

年份	联合收割机（万台）		农用运输车（万台）		有效灌溉率（%）		化肥施用量（万吨）		农村用电量（亿千瓦）	
	河南	山东	河南	山东	河南	山东	河南	山东	河南	山东
2000	2.69	5.16	131.12	162.77	58.47	62.89	420.71	423.20	125.80	200.27
2001	3.13	5.57	148.42	180.73	59.00	63.05	441.70	428.60	134.61	214.05
2003	5.93	6.87	179.32	214.26	60.38	62.70	467.89	432.70	144.59	272.20
2005	7.18	8.16	202.26	244.96	61.37	63.71	518.14	467.60	172.15	346.54
2007	8.05	9.40	213.61	259.26	62.53	64.43	569.68	500.30	223.43	408.20
2009	12.43	15.83	215.73	273.44	61.44	—	628.67	472.86	257.76	415.23
2011	15.77	20.10	219.62	289.88	63.10	—	673.71	473.64	281.82	456.52
2013	20.02	23.40	218.71	284.96	61.04	65.79	696.37	472.7	305.42	471.38
2015	24.15	26.93	217.15	283.77	65.80	67.36	716.09	463.5	321.01	482.30
2017	27.84	30.50	—	288.14	66.44	68.39	706.70	440.0	328.82	488.45

资料来源：农村劳动力文化状况数据来自《中国农村统计年鉴》并经笔者整理计算所得；耕地面积数来自相应年份的《中国国土资源年鉴》；其余指标的数据资料均来自相应年份的《河南统计年鉴》和《山东统计年鉴》。有效灌溉率=有效灌溉面积/总耕地面积×100%

① 《中国农村统计年鉴》2012年以后不再公布各地区农村居民家庭劳动力文化状况。
② 2008年及以前年份耕地面积为年底常用耕地面积，2009年数据为第二次土地调查数据，2010年以后数据已按2009年数据口径进行了调整。
③ 2015年及以前数据中包含农用运输车和三轮运输车，2016年开始不再包含在内。

四、"入世"后河南和山东农业和农村发展绩效比较

"入世"以后,河南、山东的经济社会发展更加迅速,两省的整体经济水平都有了大幅提高。在前面对比河南、山东农业发展条件的基础上,本部分采用农业生产能力、农业贸易开放、农村居民人均纯收入等绩效评价指标对两省的农业发展情况进行比较。

(一)农业生产能力

1. 农业生产总值

2000年以来,河南、山东的农业都有了长足发展,两省的农业生产总值分别从2000年的1161.6亿元、1268.6亿元增长到了2017年的4139.3亿元、4876.7亿元,年均分别增长了6.07%和5.24%①。从图4-1中可以看出,2003年后两省农业生产总值增长速度明显加快,但在增长趋势上基本还是保持了一致性,两省的农业生产总值差距并未明显拉大,甚至在2015年后差距有所减小。

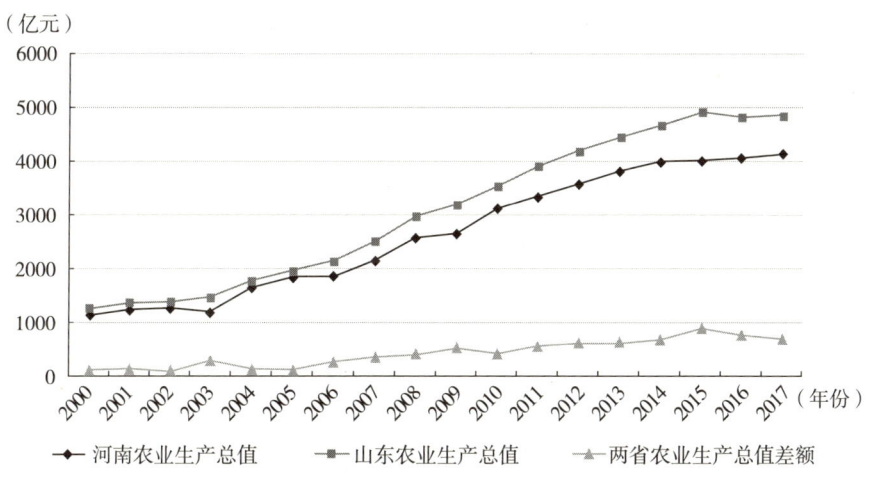

图4-1 河南和山东农业生产总值变化情况

资料来源:《河南统计年鉴》和《山东统计年鉴》。

2. 主要农产品产量

河南、山东同为重要的农业大省,粮、棉、油等大宗农产品产量在全国都是名列前茅,表4-3和表4-4反映了2000~2017年两省主要农产品产量情况。从河南情况来看,粮食产量保持了较快增长,继续扮演着粮食大省的角色;棉花产

---

① 此处农业生产总值增长速度按可比价格计算所得。

量下降较大；油料产量在波动中提升较多，这主要得益于花生产量迅速增加；蔬菜和水果产量有了大幅提高。从山东情况来看，粮食产量稳中有升，增幅有限；棉花产量则呈现先增后减的特点；油料产量总体上有所回落；蔬菜和水果依然维持着高产量、较快增长的局面。相比较来看，"入世"后受政策限制等因素的影响，河南仍全力发展粮食生产，粮食产量优势明显，蔬菜、水果等劳动力密集型作物产量迅速提高；而山东继续充分发挥在蔬菜、水果种植上的传统优势，产量水平也都有了显著提高。

表 4-3 河南主要农产品产量　　　　　　　　　　　单位：万吨

年份	粮食	棉花	油料	蔬菜	水果
2000	4101.5	70.4	392.6	3981.8	364.7
2001	4119.9	82.8	362.5	4310.9	399.1
2003	3569.5	37.7	309.9	4510.4	430.4
2005	4582.0	67.7	449.2	5880.3	555.7
2007	5245.2	75.0	484.0	6235.8	663.5
2009	5389.0	51.8	533.0	6370.4	755.9
2011	5733.9	38.2	532.4	6709.7	833.6
2013	6023.8	19.0	542.1	6745.3	1534.1
2015	6470.2	6.8	539.0	6971.0	1519.9
2017	6524.3	4.4	587.0	7530.2	1670.5

资料来源：河南主要农产品产量数据来自相应年份的《河南统计年鉴》。

表 4-4 山东主要农产品产量　　　　　　　　　　　单位：万吨

年份	粮食	棉花	油料	蔬菜	水果
2000	3837.7	59.0	356.9	7256.8	966.6
2001	3720.6	78.1	377.3	7556.4	971.4
2003	3435.5	87.7	361.8	8729.3	1059.9
2005	3917.4	84.6	363.9	8607.0	1201.5
2007	4148.8	100.1	328.6	8342.3	1333.9
2009	4316.3	92.1	334.5	8937.2	1419.1
2011	4426.1	78.46	341.0	9180.9	1488.5
2013	4883.4	43.4	341.6	9658.2	1601.5
2015	5147.4	33.9	318.7	10272.9	1703.6
2017	5374.3	20.7	318.3	10618.3	1647.6

资料来源：山东主要农产品产量数据来自相应年份的《山东统计年鉴》。

(二) 农业贸易开放

1. 农产品进出口规模①

开放贸易后,山东作为沿海地区,利用接近海外市场、运输成本低、拥有大量外商直接投资企业、有较强的管理经验等优势,更加积极地利用了国内外两种资源和两个市场来优化本地区的农业发展,扩大了高价值农产品生产和出口,提高了农业资源的回报率。然而内陆地区的河南仍以生产大宗农作物为主,在性质上为进口替代产品,主要面向的是国内消费市场。图4-2和表4-5分别显示了 2000~2017 年河南、山东两省农产品进出口贸易规模变化和贸易状况比较。

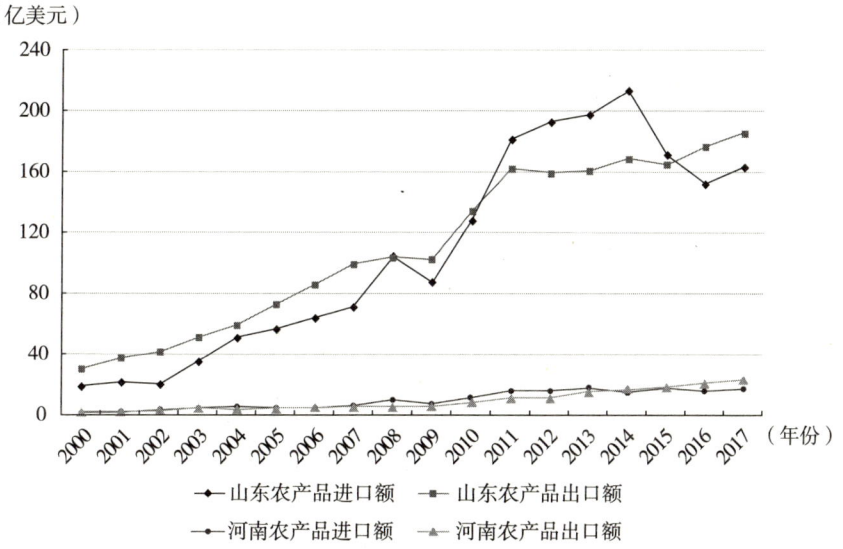

图 4-2 河南和山东农产品进出口额变化情况

资料来源:中国海关。

表 4-5 河南和山东农产品进出口状况比较

年份	农产品进口				农产品出口			
	占全国的比重(%)		全国排名		占全国的比重(%)		全国排名	
	河南	山东	河南	山东	河南	山东	河南	山东
2000	1.41	16.57	11	2	1.13	19.24	19	1

---

① 书中贸易数据为按货源地和收货地统计。

续表

年份	农产品进口				农产品出口			
	占全国的比重（%）		全国排名		占全国的比重（%）		全国排名	
	河南	山东	河南	山东	河南	山东	河南	山东
2001	1.76	17.91	11	2	1.19	23.18	17	1
2003	2.26	18.34	12	2	2.16	23.83	12	1
2005	1.60	19.63	12	1	1.47	26.22	15	1
2007	1.44	17.30	12	3	1.43	26.76	16	1
2009	1.43	16.57	12	3	1.42	25.69	16	1
2011	1.66	19.11	12	1	1.85	26.65	13	1
2013	1.48	16.60	12	2	2.24	23.70	11	1
2015	1.51	14.63	12	2	2.62	23.31	8	1
2017	1.33	12.98	12	3	3.06	24.56	8	1

资料来源：中国海关，经笔者整理所得。

从农产品进口贸易情况来看，2000年，河南省进口总额为1.59亿美元，居全国第11位，占全国农产品进口贸易总额的1.41%；山东省进口总额为18.68亿美元，居全国第2位，占全国农产品进口贸易总额的16.57%。2017年，河南省农产品进口总额为16.77亿美元，居全国第12位，占全国农产品贸易进口总额的1.33%；山东省农产品进口总额达到163.41亿美元，仅次于广东省和江苏省，居全国第3位，占全国农产品进口贸易总额的12.98%。

从农产品出口贸易情况来看，2000年，河南省出口总额为1.77亿美元，居全国第19位，占全国农产品出口贸易总额的1.13%；山东省出口总额为30.21亿美元，居全国第1位，占全国农产品出口贸易总额的19.24%。2017年，河南省农产品出口总额为23.14亿美元，居全国第8位，占全国农产品贸易出口总额的3.06%；山东省农产品出口总额达到185.52亿美元，居全国第1位，占全国农产品出口贸易总额的24.56%。总体来看，"入世"后两省农产品出口额都增长较快，但山东省农产品出口总额已占全国的1/5以上，而河南省的农产品出口规模仍然很小，与其农业大省、农产品加工业大省的地位极不相称。

从农产品贸易盈余来看，河南大部分年份都出现了逆差，但由于进出口贸易额较小，农产品贸易基本上还是维持了平衡调节的模式；由于山东省农产品原料加工业一直以来都比较发达，对原料需求相对较多，推动了农产品进出口贸易的快速发展，山东农业整体对外开放水平较高，"大进大出"的贸易发展模式已经形成。

从上面对河南、山东两省2000~2017年进出口贸易规模发展情况的分析中可以看出，两者进出口贸易发展情况总体上呈现两个特点。一是两省农业对外贸易规模差异大：长期以来山东省农业一直处于较高的开放水平，特别是从2002年开始，山东省农产品进出口额增长更加迅速，相比而言，河南省的农产品进出口额仍然很低，农产品对外贸易水平较为落后。二是两省农产品贸易基本进入了不同的发展模式：河南可以看作保持了"低进低出"的平衡调节模式，山东则可以认为形成了"大进大出"的贸易发展模式。

2. 农业贸易开放度①

受河南、山东两省地理位置以及国家、地方宏观政策等因素影响，两省农业对外贸易的发展基础和发展速度不同。"入世"后两省的农业贸易开放水平仍存在较大差异。从图4-3中可以看出，山东的农业贸易开放起步早，"入世"前实际上已经保持了较高的开放水平，"入世"后其农业开放水平仍远远高于河南，外向型农业较为发达，但也更容易受到外部冲击的影响。然而河南农业还相对封闭，农业生产仍主要面向国内市场。

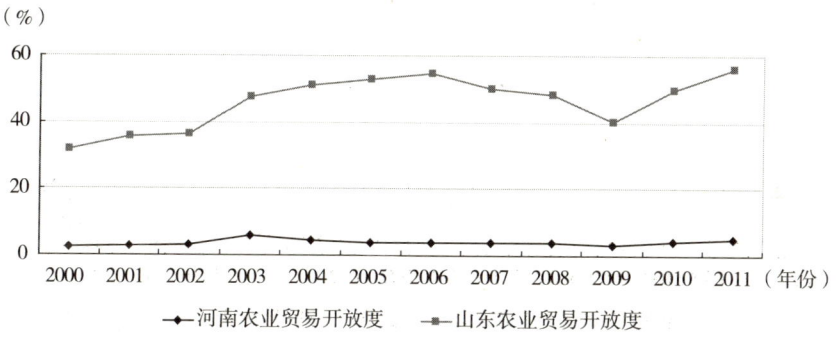

图4-3 河南和山东农业贸易开放度变化情况

资料来源：中国海关和国家统计局数据库并经笔者整理计算所得。

(三) 农村居民人均纯收入②

图4-4显示了2000~2017年河南、山东两省农村居民人均纯收入水平的变化情况，由图4-4可以看出，近十多年来尤其是"入世"后两省农村居民人均纯收入水平都大幅提高，河南从2000年的1985.80元增加到2017年的12719.18

---

① 此处用农业进出口贸易额占农业GDP的比率来表示。
② 2014年以后为实施城乡一体化调查的数据，2013年以前农村居民人均可支配收入为纯收入口径。

元，山东从2000年的2659.20元增加到2017年的15117.50元。2000~2017年河南、山东两省的农民人均纯收入平均增长率分别为8.47%和7.89%，收入差距并未出现拉大的趋势；同时，在两省农民纯收入中，农业收入（第一产业收入）和非农业收入（工资性收入、家庭经营收入中的非农产业收入、财产性收入和转移性收入）所占比重也发生了很大变化。2017年，河南、山东非农业收入占农民纯收入的比重已分别达到62.68%和55.48%，比2000年分别提高了26.32个百分点和18.54个百分点，非农业收入已成为两省农民收入的主要来源。

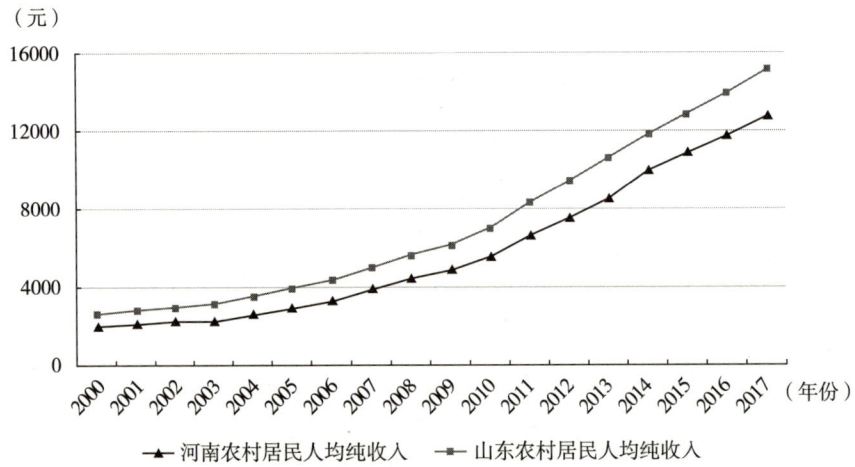

图4-4 河南和山东农村居民人均纯收入水平变化情况

资料来源：《河南统计年鉴》和《山东统计年鉴》。

（四）其他方面

随着工业化进程的推进和经济社会的发展，我国已进入了工业反哺农业的阶段，非农业的发展在促进农业生产、提高农产品竞争力等方面发挥着越来越重要的作用。尤其是近些年来农村劳动力快速向城市转移，越来越多的农民进入了非农业部门，工资性收入在农民总收入中所占的比重也越来越大。因而农业和农村经济发展水平的高低不仅受到农业自身发展状况的影响，而且还与非农业发展水平差异息息相关。为此，除了对"入世"后两省农业生产能力、农业贸易开放、农村居民人均纯收入发展绩效进行比较外，还很有必要考虑一下两省在其他方面的发展情况。

1. 整体经济发展水平

整体经济发展水平的高低，也会对河南、山东两省农业和农村经济的发展产生重要影响。从图4-5来看，两省的人均国内生产总值的差距有扩大的趋势，差距从2000年的3941元增加到了2017年的31539元①。从图4-6和图4-7中可以看出,河南和山东的地区生产总值构成都发生了显著变化②。河南的第一、第二、第三产业比重分别从2000年的22.99%、45.40%、31.61%变化到了2017年的9.29%、47.37%、43.34%,而山东的第一、第二、第三产业比重分别从2000年的15.22%、49.95%、34.84%变化到了2017年的6.65%、45.35%、47.99%,其中山东省的第一产业所占比重,在2005年以后更是已不到10%,农业在整个地区经济中的比重明显降低。

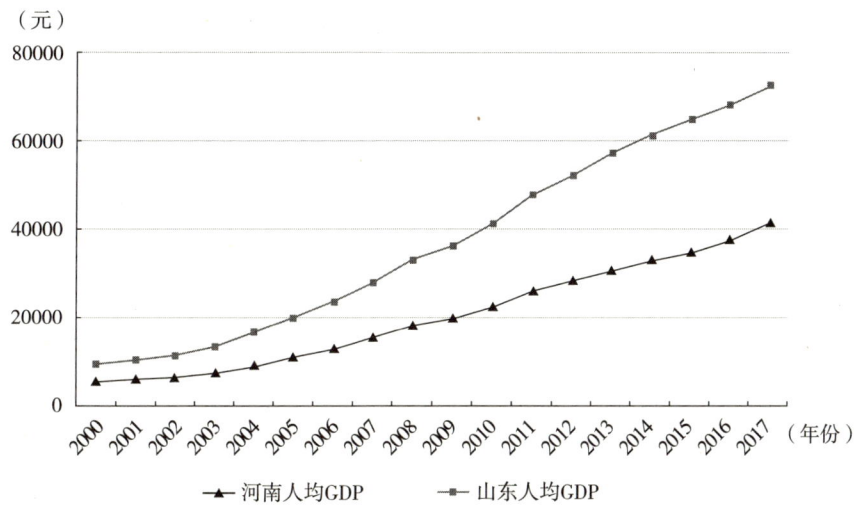

图4-5　河南和山东人均国内生产总值变化情况

资料来源:《河南统计年鉴》和《山东统计年鉴》。

2. 固定资产投资水平

固定资产投资不仅能提高生产效率,扩大生产能力,并通过其扩散功能对国民经济相关产业的影响来拉动经济增长,而且还对生产资料市场和消费品市场起到间接的推动作用。此外,全社会固定资产投资中基础设施的投资还能改善人民的生活、生产条件,有利的投资环境又能吸引更多的投资,给地方经济增长带来深远影响并进而会促进农业和农村的发展。从图4-8中可以看出,"入世"后河南、山东两省的全社会固定资产投资总额都迅速增加,但区域间存在一定的差

---

① GDP按当年价格合计,人口按常住人口计算。
② 2005年以后执行2002年国民经济行业分类(新行业分类),新行业分类中,农林牧渔服务业由第三产业调整到第一产业;根据国家统一方法,利用经济普查年(2004年、2008年)相关数据,对相关年份的年GDP历史数据进行了修订。

距，这与两省的 GDP 变化情况基本保持一致①。

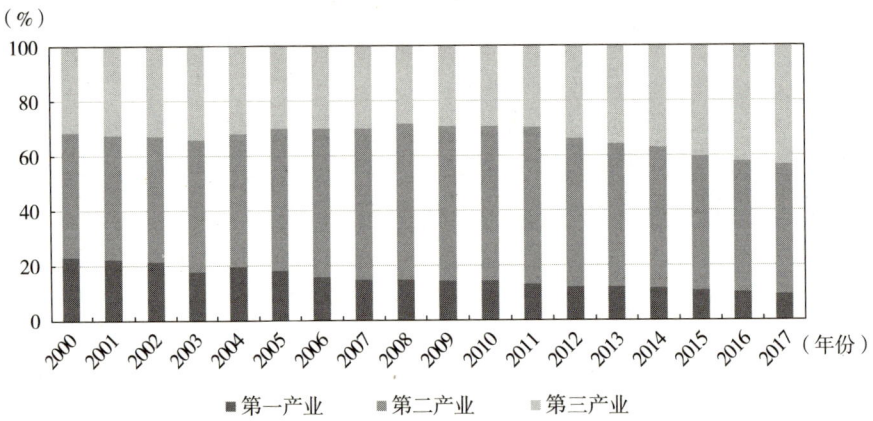

图 4-6　河南地区生产总值构成变化情况

资料来源：《河南统计年鉴》。

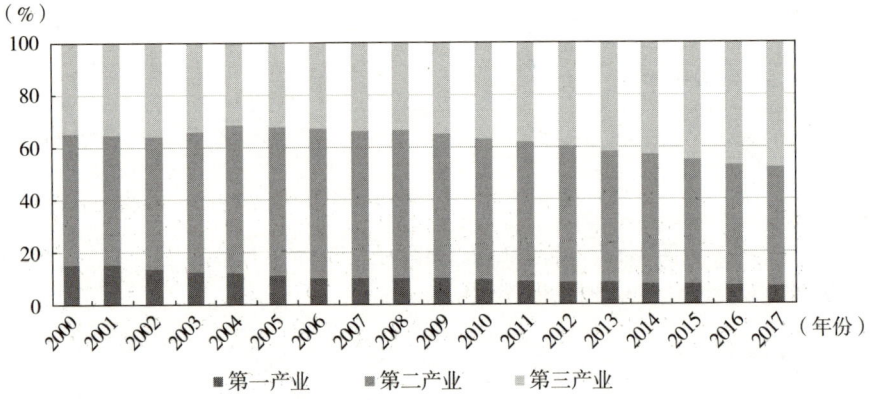

图 4-7　山东地区生产总值构成变化情况

资料来源：《山东统计年鉴》。

3. 基础设施发展情况

基础设施不仅直接影响着生产部门的成本和利润，而且能够降低整个社会的生产成本和交易成本，产生巨大的外部经济正效应，是推动区域经济增长的基本支撑。2000 年以来，河南、山东两省基础设施建设都得到了快速发展，公路通

---

① 2011 年起，固定资产投资项目统计起点由 50 万元提高到 500 万元，名称统一规范为"固定资产投资"。

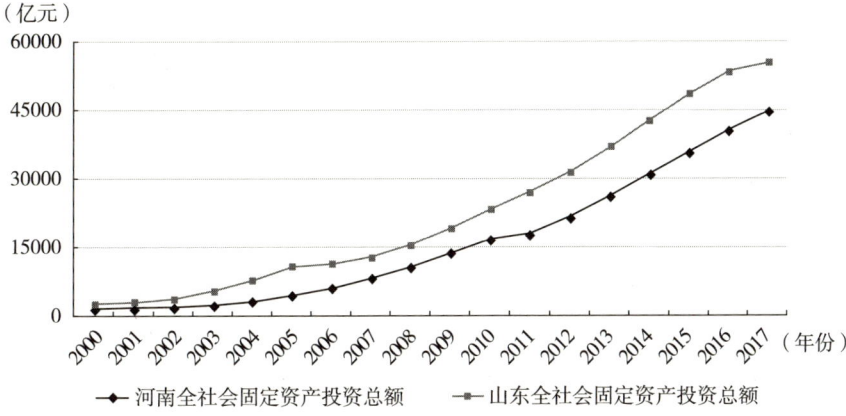

图 4-8　河南和山东全社会固定资产投资总额

资料来源：《河南统计年鉴》和《山东统计年鉴》。

车里程和铁路通车里程相差不大，但山东凭借沿海的地理优势，港口货物吞吐量迅速增加（见表 4-6）。

表 4-6　河南和山东基础设施发展情况①

年份	公路通车里程（公里）		铁路通车里程（公里）		山东沿海主要港口货物吞吐量（万吨）
	河南	山东	河南	山东	
2000	64453	70686	3354	2672	16025
2001	69041	71128	3319	2709	19298
2003	73831	76266	3410	3236	25589
2005	79506	80132	4000	3402	38401
2007	238676	212236	3989	3379	57547
2009	242314	226693	3898	3620	73072
2011	247587	233189	4203	4177	96188
2013	249831	252785	4822	4397	118137
2015	250584	263447	5205	4863	134218
2017	267805	270590	5470	5115	151571

资料来源：《河南统计年鉴》和《山东统计年鉴》。

---

① 2006 年按照交通部规定将村道纳入公路通车里程。

扩大贸易开放对中国区域农业和农村发展的影响

4. 涉农相关产业发展情况

农业相关产业的发展会直接增加非农就业机会和带动农业发展，对区域农业和农村经济发展水平提高有重要意义。由于受到统计口径变化和统计资料限制，从数据可比性角度出发，表4-7分别只列举了2006年和2017年河南、山东两省规模以上工业企业中的农副食品加工业，食品制造业，纺织业和皮革、毛皮、羽毛（绒）及其制品业的企业个数、工业增加值情况①。由表4-7可以看出，两省的涉农相关产业发展都很快。

表4-7 河南和山东涉农相关产业发展情况

	河南		山东	
	企业个数（个）	工业增加值（亿元）	企业个数（个）	工业增加值（亿元）
2006年				
农副食品加工业	1313	270.7	3446	963.3
食品制造业	361	121.7	945	253.9
纺织业	758	147.3	3052	806.5
皮革、毛皮、羽毛（绒）及其制品业	192	52.4	481	130.9
2017年				
农副食品加工业	1914	6772.7	3702	11830.52
食品制造业	628	3445.83	1130	2761.75
纺织业	1016	2381.85	2313	8420.29
皮革、毛皮、羽毛（绒）及其制品业	363	1525.72	381	809.90

资料来源：《河南统计年鉴》和《山东统计年鉴》。

五、本章小结

本章梳理和比较了中国"入世"前后河南和山东的农业和农村发展情况，可以得出以下几点结论：

第一，我国"入世"后按照世贸组织的有关规定，实施了一系列进一步扩

---

① 表4-7中只统计规模以上相关工业企业的增加值，并均按当年价格计算；同时由于2017年两省规模以上工业企业不再公布工业增加值绝对额，为了统一口径，2017年两省工业增加值指标用规模以上工业企业相应行业的主营业务收入代替。

第四章 中国"入世"前后农业和农村发展——河南和山东的比较

大农业贸易开放的举措，中国已成为世界上农产品市场开放度最高的国家之一。

第二，为了缓解扩大贸易开放对国内农业发展造成的不利影响，保障农业生产稳定、提高农民的收入、维护农村经济社会平稳发展，中国政府采取了减免农业税和一系列积极的财政支农政策，包括粮食直补、良种补贴、农资具补贴、农村基础设施建设等。

第三，在农业发展条件上，河南、山东两省自然地理条件相近，农业生产条件都得到了明显改善并各有优势，总体来看两省农业发展条件很相似。

第四，在比较河南、山东两省自然地理条件和农业生产条件的基础上，从农业生产能力、农业贸易开放、农村居民人均纯收入和其他方面分别比较分析了"入世"前后河南、山东两省的农业和农村发展绩效，通过比较分析发现：一方面，"入世"后两省的农业生产能力和农民收入水平在快速提高的同时并未出现差距明显扩大的趋势，说明扩大贸易开放并非是两省农业和农村发展绩效的决定性因素；另一方面，两省农业参与国际市场的程度即农业外向型水平差距在拉大，山东的农业开放度水平要远远高于河南，外向型农业较为发达，农产品贸易形成了"大进大出"的发展模式，而河南农业还相对封闭，农业生产仍主要是为国内市场提供消费，农产品贸易基本维持了"低进低出"的平衡调节发展模式。

第五，从"入世"后河南和山东的农业发展绩效来看，两省形成了不同的农业贸易发展模式。山东凭借优越的地理位置，积极利用国内外两种资源，大力发展外向型经济，农业和农村经济得到了快速发展；而河南由于深处内陆，对外贸易发展受限，农业贸易开放度低，但河南充分利用广阔的国内市场，农业和农村经济同样也实现了与山东相近的发展绩效。这实际上也说明贸易开放程度的高低并不是导致区域经济发展差异的关键性因素，因此不同地区应结合本地区的实际情况，因地制宜地利用自己的优势条件促进经济发展。

第六，河南、山东两省非农业发展绩效差别大于农业，这意味着，山东不仅按照国际比较优势调整农业结构，而且在国民经济范围实现结构合理化；河南则仍呈现较强的二元经济结构，农业内部结构优化较山东更明显，但国民经济优化进程明显落后于山东。

第五章 中国"入世"前后河南和山东农业和农村发展差异的成因分析

区域经济发展是一个综合性的自然地理环境技术、经济、社会变革和演变过程，农业和农村发展的区域差异也是区域经济发展过程中的客观现象。河南、山东同为我国重要的农业大省，资源禀赋条件相近，粮、棉、油等产量在全国名列前茅。"入世"后，两省的农业和农村经济发展更加迅速，整体经济水平都有了大幅度的提高，但两省的农业和农村经济结构调整模式、农业农村发展方式却呈现较大的差异，参与国际贸易的程度差别更大。因而如何识别出导致这些发展方式产生差异的因素，对发展地区农业和农村经济、促进区域经济协调发展有重要的理论意义和现实意义。本章试图从国家、区域、涉农企业、农业生产者等几个层面入手，剖析导致两省农业和农村发展方式出现差异的原因。

一、国家层面

经济发展总是在一定的国家政策和发展战略背景下进行的，区域在国家政策和发展战略中的地位不同，中央政府会给予区域不同的投资倾斜和优惠政策，这必然会影响区域间经济发展机会的差异以及区域农业和农村经济的发展方式。改革开放以后，我国实行了"增长优先"的区域经济非均衡发展战略，开始倾向于优先开发东部沿海地区，在税收减免、政府投资、外资引进、外汇留成、金融贷款等方面，东部沿海地区都享有了比中西部地区更为优惠的政策。

东部沿海地区作为我国经济体制改革的主要实验区，率先从计划经济体制中走出来，而中西部地区经济体制改革的步伐明显迟缓，计划经济体制长时间广泛地起着作用。由于得到政策上的优惠，沿海地区的经济市场化和外向性程度逐渐变得明显高于中西部地区，资源配置更符合市场规律，内陆地区的资源配置则更多受到计划经济体制的束缚。因而沿海地区的要素收益率比内陆地区高，这样就导致了劳动力、资本甚至自然资源等源源不断地由内陆地区向沿海地区流动。大量的要素持续地从内陆地区流向沿海地区，一方面支持了沿海地区的发展，另一方面使内陆地区因发展所需要素欠缺而经济乏力，不利于其经济的持续健康发展。尽管在1995年中共十四届五中全会上决定，从"九五"计划开始，要逐步地、积极地解决地区差距扩大问题，实施区域经济协调发展战略，但一直以来国家对河南、山东两省的经济发展定位还是有明显差别的。

山东作为东部沿海省份，属于环渤海经济区，改革开放以来都是国家优先发展的区域。长期以来山东凭借其优势区位，利用国家政策上的优惠和宽松的对外开放环境，抓住国家创造的发展机会，大力引进外资和发展外向型经济，地区生产总值和进出口贸易额迅速增加并已跃居全国前列。近年来，山东又借着海洋大省的优势，开始大力发展海洋经济，加快建设半岛蓝色经济区。然而河南作为中部的内陆省份，改革开放后在国家发展战略调整中并没有享受到相应的优惠政策倾斜，引进外资规模小，对外开放水平低。同时由于国家出于对粮食安全的考虑，河南又作为最主要的粮食主产区之一，长期以来承担了保障国家粮食安全的战略重任。2009年，国务院正式批准了《国家粮食核心区建设河南省规划纲要》，明确了未来河南省作为全国重要粮食生产稳定增长核心区的地位和作用。2011年，国务院发布了《国务院关于支持河南省加快建设中原经济区的指导意见》，明确了中原经济区的战略定位，主要内容之一就是成为国家重要的粮食生产和现代农业基地。文件还强调，积极探索不以牺牲农业和粮食、生态和环境为代价的工业化、城镇化、农业现代化协调发展的路子，是中原经济区建设的核心任务。河南优势在粮，弱势在农，长期以来国家对其的发展定位都是"粮食生产基地"，并不断提高对种粮农民直接补贴和粮食最低收购价，加大产粮大县的财政资金奖励和扶持力度，同时要求其发展思路也是在不牺牲粮食生产的前提下推进工业化、城镇化建设。国家对河南发展的这种战略定位和粮食支持政策，一方面刺激了地方政府大力发展粮食生产和农民种粮的积极性，人为改变了区域的种植业结构，扭曲了按市场比较优势进行相应的农业产业结构调整的可能；另一方面又由于国内粮食生产成本比国外高，加之国家政策限制，难以形成出口优势。因此国家这些政策措施的实施也在某种程度上限制了河南工业化的推进速度，降低了当地工业化对农村经济发展和农民收入水平提高的贡献度，进而影响到经济的发展方式。

尽管与山东相比，河南农业发展受到的政策限制更多，不利于其发展外向型农业，但由于扩大贸易开放以来，我国经济保持了快速发展，人均收入水平提高较快，食物消费支出不断增长，这也导致了国内农产品市场需求持续增加，再加上农产品价格也趋于上升，这使像河南这样处于内陆的省份，其内向型农业发展模式同样能够取得很好的绩效。对于山东这种处于沿海地区的省份，农业上虽然更便于发展出口导向型和来料加工型贸易模式并从中受益较大。但由于更加直面国际市场，因此当地进口替代型产品生产也面临较大的竞争压力，非农业发展在给农村劳动力创造出非农就业机会的同时也提高了农业生产的机会成本。

二、区域层面

除了国家发展定位、政策导向不同会导致区域经济发展方式出现差异外，地方政府的农业农村发展战略、应对"入世"能力、市场发育水平、资本水平、地理位置、文化观念等因素作为一种特殊的"资源"，也会对区域农村经济发展方式的选择产生十分重要的影响。

（一）地区农业发展战略

在国家发展定位限制和政策导向的约束下，地方政府往往也是结合区域实际情况和发展思路来制定相应的区域发展战略。尤其是随着政府分权化改革的深入，地方政府对其区域经济的发展影响力也逐步增强，地方政府制定的经济发展战略尤其是农业农村发展政策不同，在很大程度上会影响到地方的农业产业结构，从而影响区域农业和农村经济的发展方式。

政府工作报告作为政府工作的重要指导文件，其内容会详细阐述当年政府将要施行的工作举措和工作计划，并说明政府工作的基本思路和主要任务，是当地经济社会发展的纲领性文件，对当地经济社会发展具有重要的意义。因此，本书分别梳理了 2000~2017 年河南、山东两省政府工作报告中有关农业发展方面的主要政策（详见附表 4 和附表 5）。近二十年来在国家相关发展战略和政策导向约束下，河南省农业发展一方面始终把粮食生产作为农业工作的重中之重，采取了资金奖励等各项扶持措施来激励农民种粮的积极性；另一方面，时刻围绕着"两个基地"建设，即把河南建设成为全国重要的优质小麦生产和加工基地、优质畜产品生产和加工基地。相比较河南省在农业发展中一直对粮食生产的高度重视，长期以来山东农业发展政策较为灵活，概括起来主要有三点：一是在稳定粮食生产的前提下，以市场为导向大力发展水果、蔬菜等各种经济作物种植，并依托临海的优势发展海洋经济；二是注重农业外向型和农村第二、第三产业的发展，全面实施农业产业化经营，提高农产品加工转化水平，增加和延伸效益，以给农民创造更多的就业和增收机会；三是注重开展农村劳动力培训，帮助农村劳动力就地创业就业，增加农民的工资性收入。

通过比较 2000 年以来河南、山东两省的政府工作报告可以发现，河南、山东在农业发展方面的主要指导政策和工作重心都有很大的差异。河南作为国家粮食生产核心区和"国家粮仓"①，在国家粮食安全战略的约束下，粮食生产便成

---

① 2006 年 5 月，河南省政府提出不仅要做国人的"大粮仓"，而且要做国人的"大厨房"。

为地方农业工作的重心。在 2009 年国务院正式批准了《国家粮食核心区建设河南省规划纲要》后，同年河南省政府开始正式实施《河南省粮食生产核心区建设规划》，明确了河南省粮食生产的基本思路和建设目标：到 2020 年，在保护全省 1.03 亿亩基本农田的基础上，粮食生产核心区粮食生产用地稳定在 7500 万亩；确保粮食生产能力达到新增 130 亿公斤，稳定达到 650 亿公斤，调出原粮和粮食加工制成品 275 亿公斤以上，成为全国重要的粮食生产稳定增长的核心区、体制机制创新的试验区、农村经济社会全面发展的示范区。然而山东在重视粮食生产的前提下，十分重视农业种植的多元化、农业的产业化、国际化和农村的工业化发展，农民分享了更多的农业附加值并拥有了更多的非农就业机会，从而拓宽了其收入渠道，增加了其收入水平。

财政支农政策是指政府用财政资金支持农业和农村发展的各种政策，财政支农作为国际通行的做法，是发挥政府职能、加速农业和农村发展、提高农民收入的主要手段，财政支农水平的高低也反映了地方政府政策倾向和对农业发展的重视程度。就目前我国来看，农业还是国民经济的一个弱质产业，农村发展依然较为落后，农民收入水平仍待提高，在这种情况下，积极增加财政支农投入是非常有必要的。财政支农政策集中反映在财政支农资金上，下面通过比较河南、山东的财政支农资金来分析两省财政支农水平的差异。图 5-1 反映了 2000~2017 年河南、山东两省的财政支农支出占各自省份总财政支出的比例①。从图 5-1 可以看出两省同为农业大省，对农业发展都很重视，近十多年来财政支农资金数量不断上升，从所占比例来看，总体上两省基本保持了一致。但由于两省财政实力的差异明显，因此实际上两省的财政支农资金金额相差较大。以 2015 年为例，河南省财政支农资金为 792 亿元，而山东省则高达 964 亿元。长期以来这种支农资金水平的差异，也会拉大两省在农业结构优化、农业经营规模扩大、农业科技水平提高、农业基础设施改善等方面的差距，进而影响到两省的农业和农村经济发展。

（二）应对"入世"能力

加"入世"界贸易组织后，我国认真履行"入世"承诺，较大程度开放了国内农产品市场，全面降低了农产品进口关税，农业开放进入了一个新的阶段。面对扩大贸易开放前后农业农村发展面临的新形势，河南、山东两省政府在应对

---

① 我国财政支农政策随着发展阶段的变化和政策的变动，衡量指标有所调整。财政支农政策包括广义支出和狭义支出。广义支出是中央加地方支出之和，狭义支出是地方支出。此处两省的财政支农支出金额是狭义支出。2003 年以前包括支援农村生产支出、农业综合开发支出、农林水利气象等部门事业费三项；2003~2006 年调整为农业支出、林业支出、水利和气象支出三项；2007 年开始称为农林水事务支出，内容包括农业支出、林业支出、水利支出、扶贫支出、农业综合开发支出等，但并未统计每一项的支农支出。

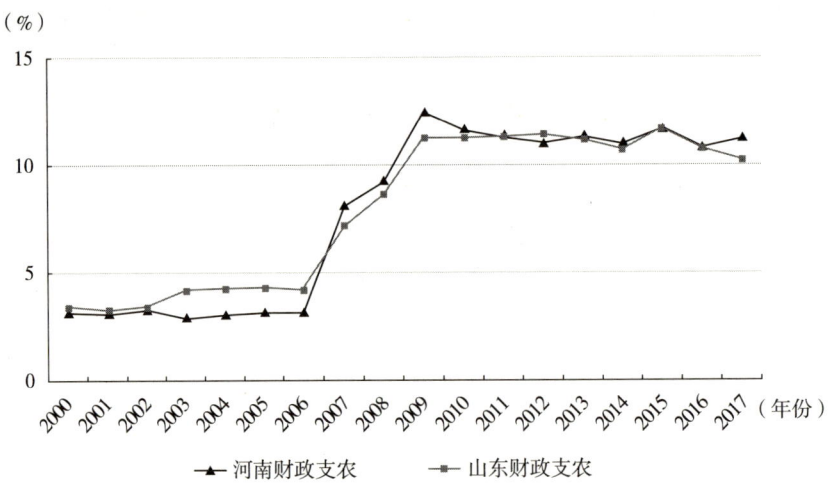

图 5-1　河南和山东财政支农支出占财政支出的比例情况

资料来源:《河南统计年鉴》和《山东统计年鉴》。

"入世"问题上采取了不同的措施和政策。

河南省虽然是农业生产大省、农产品加工大省,但农产品出口贸易占农业总产值和出口总量的比重很小,生产的农产品主要还是满足省内、国内消费需求。在实际调研中本书发现:一是河南省应对"入世"的准备工作起步较晚,各级政府领导大多对世界贸易组织不熟悉,不了解世界贸易组织基本规则,很少有地方在"入世"前后出台过相应的应对政策措施,农产品出口意识差;二是农产品质量安全控制不力,地方质量标准检测体系落后,多批次产品被检出不合格,其中主要是因药物残留和重金属超标引起,这些都很难适应农产品出口的需要。

山东作为沿海省份,历来都十分重视农业"走出去"战略,其农产品出口在整个农业发展中占据了重要地位。面对"入世"进一步放开国内市场带来的机遇和可能的冲击,山东省积极主动应对,采取了一系列针对性的政策和措施。一是省委、省政府高度重视农业开放工作,加强领导和各部门间的联动机制,具体措施如下:2000年,山东省提出农业国际化的发展思路;2001年1月,制定《山东省应对加"入世"贸组织全面实施经济国际化战略行动纲要》,对各项"入世"应对工作进行了全面系统的部署和安排,要求全省上下把对外开放作为头等大事来抓,以开放促改革,促发展,促结构调整;"入世"前针对11种农产品、3种投入品编制了小册子,分析国内外竞争优势和劣势;2003年,与国际检疫检验局建立农产品出口联席会议制度;2004年,实施山东省出口农产品"绿卡"行动计划,全面提升了农产品质量安全水平;2006年,召开全省农业对外开放会议,下发《山东省人民政府关于进一步扩大农业对外开放的意见》,要求把扩大农业对外开放摆在更加重要的位置,以推动农业对外开放实现新发展;2008年,建立省政府农业对外开放联席会议机制。二是积极修改旧规则,主动适应"入世"后对外开放的新要求。按照世贸规则和转变政府职能的要求,"入世"后山东对全省地方性法规、规章和其他政策措施进行了全面的清理,修改了上千项不符合"入世"要求和不利于对外开放的法规、规章和政策等,建立了符合新规则的新型地方法规政策体系,创造和形成了良好的开放发展环境。三是狠抓出口农产品的质量安全,建立和完善农产品国际标准化体系。根据进口国标准和国际标准,山东省实施了"绿卡"行动,鼓励引导食品农产品企业开展质量管理(ISO)、良好药品生产规范(GMP)、危害分析及关键点控制(HACCP)等体系认证,研制并实施出口农产品良好农业操作规范(GAP),对于执行国外高标准的企业给予奖励,推动种植业与国际标准种植规范接轨,这些都为农产品出口到国外创造了良好的前提①。

(三) 市场发育水平

市场在经济发展过程中对资源配置起基础性调节作用,良好的市场发育水平是区域经济发展的重要推动力量,而在衡量地区市场发育水平上,区域中批发市场的数量和规模是一个很重要的指标②。批发市场作为商品的重要集散地,发挥着商品集散、信息传递等功能,这对促进当地技术进步、提高经济效率、调节生产结构等有着积极作用。

从表5-1反映的河南、山东商品交易市场总体情况来看,两省在商品市场数量、总摊位数、营业面积和成交额等指标上都存在很大差异,说明山东特别是其沿海地区,商品经济和农村工业化萌芽的时间早、程度深,市场发育程度和市场意识都要明显强于河南。从相关涉农市场的数目看,表5-2列举了2017年两省排在全国前20位的市场数量情况(其中,农业生产用具市场全国只有17家),山东有28家之多,而河南只有7家入围。从实际情况来看,相较河南,山东相关的涉农市场在总体上规模大、设施好、档次高、辐射能力强,尤其是在经营蔬菜、水果、水产品等经济效益较高的外向型农产品上优势更为明显。以山东寿光蔬菜批发市场为例,该市场年成交蔬菜40多亿公斤,交易额50多亿元,年上市蔬菜品种300多个,辐射全国20多个省、市、自治区,并出口日、韩、俄等10

---

① 尽管山东农产品质量安全事件也频繁发生,但其质量监管制度形成还是比较早的,不过在我国整个大的农产品质量安全背景下,这些监管制度在实践中如何有效落实仍存在难题。
② 一般认为,市场发育内容包含市场成熟度、市场丰度、市场容量、市场广度、市场组织形式和市场物质技术设施几个方面。

多个国家和地区,是当前全国最大的蔬菜集散中心、价格形成中心、信息交流中心和物流配送中心。这样设施完善、影响力大的批发市场在促进农产品出口、价格传递、引导农民种植、提高农业效益、增加农民收入等方面发挥着重要作用。然而河南规模和影响力较大、设施良好的批发市场数目总体上还比较少,受政策性影响,其中还主要是以粮油批发为主,基本都是满足周边省市和国内市场的需求。例如,河南目前最大、最规范的批发市场——郑州粮食批发市场,是我国最大的小麦交易中心,主要还是以粮食经营为主,立足河南,加上粮油等农产品比较收益不高,辐射带动农民收入的能力也很有限。

表 5-1 河南和山东商品交易市场总体情况

	市场数量(个)	总摊位数(个)	营业面积(万平方米)	成交额(亿元)
2001 年				
河南	107	59774	216.11	372.89
山东	318	261337	1349.67	1911.86
2017 年				
河南	152	173069	1331.16	3620.22
山东	485	379972	3543.57	9061.12

资料来源:《中国商品交易市场统计年鉴》。

表 5-2 河南和山东相关涉农市场数目   单位:个

	河南	山东
全国前 20 家农产品综合市场	1	2
全国 17 家农业生产用具市场	1	3
全国前 20 家农用生产资料市场	1	4
全国前 20 家粮油市场	0	2
全国前 20 家肉禽蛋市场	0	0
全国前 20 家水产品市场	1	4
全国前 20 家蔬菜市场	1	6
全国前 20 家干鲜果品市场	0	3
全国前 20 家棉麻土畜、烟叶市场	0	2
全国前 20 家其他农产品市场	2	2
合计	7	28

资料来源:2018 年《中国商品交易市场统计年鉴》并经笔者整理所得。

(四) 利用外资水平

随着20世纪70年代经济全球化的出现和我国对外开放政策的实施,外资已成为我国区域经济发展实践中最为明显的外部影响因素。引进国外资金对区域经济发展的作用主要表现在三个方面:一是外贸可弥补建设资金缺口;二是外资可带来先进的生产技术和管理经验;三是外资能提供走向国际市场的渠道,便于参与国际竞争。因此,外资对当地经济增长和发展对外贸易的推动作用是显而易见的。然而,由于地理条件和社会条件的差异,省与省之间、地区与地区之间利用外资水平的差异很大。

图5-2反映了2000~2017年河南、山东两省利用外资的情况①。山东凭借着独特的地理区位、政府的政策倾斜等方面的优势,大力吸引外资发展外向型经济,尤其是"入世"之初两年吸引外资的速度增长很快。相比较而言,河南在区位、投资环境、基础设施等方面处于弱势,因而在利用外资水平上也与山东有很大差距。但河南在近几年引进外资的数量上增加迅速,其利用外资总额与山东的差距已明显缩小,表明作为内陆省份的河南在经济发展上这种相对封闭性已明显改善。长期以来两省实际利用外资金额的不同,也导致了两省在产业结构发展上的差异。

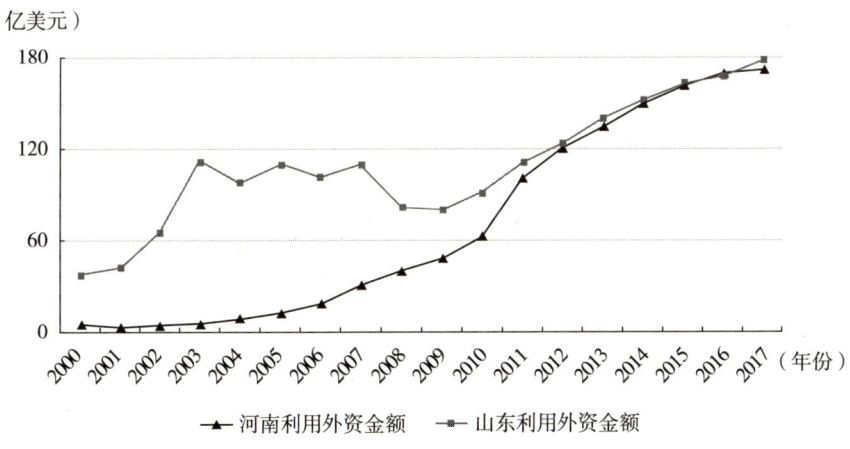

图5-2　河南和山东利用外资变化情况

资料来源:《河南统计年鉴》和《山东统计年鉴》。

---

① 2003年实际利用外资金额是全口径数据包括对外借款,合同外资个数和合同外资金额不包括对外借款部分;2004年起实行新的外商投资统计制度取消对外借款部分,外商直接投资数据为商务部反馈数;2008年实际利用外资改为实际到账外资。

(五) 地理位置

区位理论是研究人类经济行为的空间区位选择及空间区内经济活动优化组合的理论,而这里的区位是自然地理区位、经济地理区位和交通地理区位在空间地域上有机结合的具体表现。农业区位理论的创始人杜能在1826年的著作《孤立国对农业和国民经济之关系》(以下简称《孤立国》)中,最早揭示了交通、城市区和土地利用的内在关系,强调了农业效益与农产品消费地(市场)距离的反向关系,标志着区位理论的产生。工业区位理论的奠基人是德国经济学家韦伯,他的《工业区位论》的发表则标志着经典的区位理论的建立,后经克里斯泰勒、廖什及第二次世界大战后伊萨德等的努力,现已形成比较完整的理论体系,也建立了一定的模型,揭示了地理环境和自然因素的优劣对地区经济发展差异形成的影响。沃纳斯伯尔(1996,1999)在其所提出的区际贸易新理论中也认为,贸易方式和生产方式不仅取决于资源禀赋和要素密集度,而且依赖于与区域地理位置有关的运输成本。

在现代经济发展中随着交通条件的明显改善,尽管地理位置因素在区域经济发展过程中的作用逐渐弱化,但它对经济的发展特别是发展对外贸易仍起着重要作用。区位地理优势往往可转化为经济优势和相继的其他优势,区位差异也是形成区域经济差异的一个不可忽视的外部因素。相比较而言,山东地理区位优势明显。山东位于黄河下游,东临渤海、黄海,与朝鲜半岛、日本列岛隔海相望。山东水陆交通便利,公路交通居全国首位,海岸线全长3024.4公里,① 大陆海岸线占全国海岸线的1/6,仅次于广东省,居全国第二位;沿海岸线有天然港湾20余处,有近陆岛屿296个,15米等深线以内水域面积1.3万余平方公里,近海海域17万多平方公里。改革开放后,山东利用地区便利的海洋运输、低廉的运输成本等区位优势,大力发展外向型经济,积极开展与日韩、北美等国家地区的交流,外资、技术等生产要素源源不断流入,使其对外贸易迅速增加,经济得到了长足发展,综合经济实力跃居全国省份前三位。以在山东农产品出口额中占有重要地位的蔬菜为例,山东就是利用其与韩国和日本隔海相望,地理位置相近,在蔬菜出口中具有运输距离短、时间短、运输成本低的优势,积极发展与日韩的蔬菜贸易。以日本为例,作为世界上蔬菜进口大国,其大部分的进口蔬菜都来自山东。然而河南是中部内陆省份,虽有纵横全国的京广、陇海两大铁路干线以及众多高速公路,但相关设施的不配套致使综合运输能力并不强,特别是没有发展对外贸易中关键因素之一的沿海港口,这种出口便利程度和运输费用的差别,也极大地限制了河南的贸易开放程度和对外交往的水平。

---

① 资料来源:山东省人民政府网站。

第五章 中国"入世"前后河南和山东农业和农村发展差异的成因分析

表5-3反映了河南、山东两省每单位货物到港的铁路运输费用,从表5-3可以看出,两省由于在离出口港距离远近上明显不同,每单位货物的运输费用差距也较大,在国内产品生产成本差异不大的情况下,这种运输费用的差距就会直接影响到两省出口商品价格和竞争力的高低,进而导致两省出口规模的不同。另外从经济地理区位看,河南东与江苏、山东、安徽相邻,南连湖北,西接陕西,北与山西、河北结合,毗邻的大多地区都属于中西部省份,或者是东部省份的欠发达地区,经济发展水平相对落后,对本区域的辐射和带动能力也比较弱。由此可以看出,地理位置尤其是海洋运输条件决定的区位优势差距是导致当前两省对外贸易开放程度出现差异的重要原因之一。

表5-3　河南和山东单位铁路货物到港运价费用①

办理类型	运价号	单位	费用	
			河南	山东
整车	1	元/吨	59.95	22.20
	2	元/吨	69.07	25.58
	3	元/吨	74.27	27.51
	4	元/吨	79.89	29.59
	5	元/吨	90.08	33.37
	6	元/吨	121.59	45.04
	7	元/吨	427.05	158.18
	机械冷藏车	元/吨	120.32	44.57
零担	21	元/10千克	0.91	0.34
	22	元/10千克	1.27	0.47
集装箱	6.096米（20英尺）箱	元/箱	1838.18	680.87
	12.192米（40英尺）箱	元/箱	2499.93	925.99

资料来源：国家发改委关于铁路货物的运价并经笔者计算整理所得。

（六）文化和思想观念

文化观念主要包括风俗、习惯、禁忌、价值观念等在内的社会意识,文化和

---

① 此处费用的计算是依照国家发改委2013年2月17日发布的发改价格《铁路货物运价率表》（详见附录7）,以及两省货物出口到港口的距离,分别是按照郑州—青岛港（1061千米）和济南—青岛港（393千米）的铁路运输距离综合计算所得。其中,不同办理类型的费用计算办法分别是：整车货物每吨运价=基价1+基价2×运价千米；零担货物每10千克运价=基价1+基价2×运价千米；集装箱货物每箱运价=基价1+基价2×运价千米。

思想对区域内的经济社会发展具有一定的反作用,是影响地区经济发展水平的一个重要因素。不同地区因其所处的地理环境不同,人们对同一事物的看法不同,久而久之形成习惯、价值观念等方面的差异。

河南身处内陆,千年来深受中原文化影响,人们思想保守,又因土地资源丰富,不愁温饱,不少人存在"小康即安,小富则满"的小农意识,形成了守土恋家、易满足、容易安于现状、懒散贪图享乐的文化特点。很多人竞争意识、开放意识不够,奋斗创业和开拓进取思想缺乏。在一些干部身上则存在浓厚的"官本位"思想,服务意识差和办事效率低下,对上级领导有很强的依附心理,面对本地区实实在在的经济发展问题缺少足够的创新意识。这种落后的思想文化观念使该地区在开发利用自然资源、资金、劳动力、技术等要素和对外开放上与沿海地区相比处于劣势,从而导致经济发展迟缓和开放度不够。山东省所拥有的区域文化主要是齐鲁文化沿袭过来的。齐鲁文化造就了大部分山东人具有豪爽、直率、朴实的性格和吃苦耐劳的精神,忠孝的成分比较浓厚。尤其是山东东部沿海各城市很早就有发达的民族工业,受西方文化的影响比较早,并且影响的程度也相对较深,在与西方文化相互融合的文化变迁过程中,人们的市场观念强、开放意识浓,并富有开拓创新精神。这种市场意识与发展观念产生的集聚效应,带来的是人才、资本、先进技术等生产要素在本地区的积累和创新。河南、山东这种在文化和思想观念上的差别,可以说是造成两省经济发展方式差距的深层次原因之一。

三、企业层面

(一) 农村工业化和农业产业化

改革开放以来,农村工业异军突起,成为我国工业化进程中的重要特征。尽管目前农民人均纯收入中农业收入仍占重要地位,但近年来来自农业收入的份额不断下降,第二、三产业收入份额迅速提升,但农村工业在就地转移农村富余劳动力,吸纳大量农村剩余劳动力,影响和改变农村人口的就业构成和农村产业结构,发展产品出口贸易,促进农村落后地区发展,提升区域农村居民收入水平等方面都扮演了十分重要的角色。

表5-4和表5-5反映了2000~2012年河南、山东乡镇企业主要经济指标情况①。从数据中可以看出,两省的乡镇企业发展的情况差别很大。对于农村工业化水平较高的山东而言,当地农村劳动力除了在农业部门获得收入外,还有很多

---

① 此处乡镇企业主要经济指标数据不含个体工商户,余同;另外,2007年农业部乡镇企业局在统计乡镇企业个数时统计口径发生了变化。《中国农业统计资料》从2013年起不再公布乡镇企业相关统计情况。

第五章 中国"入世"前后河南和山东农业和农村发展差异的成因分析

的机会到本地乡镇企业中去工作,获得工资性收入;而相对于农村工业化水平较低的河南,乡镇工业不发达,因而其农村劳动力很少有机会获得乡镇工业的收入。两者除了在乡镇企业数量、从业人数、人均产值、人均劳动者报酬、利润等方面差距较大外,在乡镇企业出口产品交货值方面差距也很大,2012年河南乡镇企业出口产品交货值不足山东的1/10,两省乡镇企业在农业外向型发展程度上差异明显。

表5-4 河南乡镇企业主要经济指标情况

年份	个数（万个）	从业人员数（万人）	人均总产值（万元）	人均劳动报酬（元）	利润总额（亿元）	出口产品交货值（亿元）
2000	108.17	889.18	7.17	4445.54	529.81	96.37
2001	120.99	920.30	7.49	4549.23	552.54	102.03
2002	125.22	938.94	8.01	4816.83	648.92	106.31
2003	138.45	965.77	8.90	5470.42	743.49	106.31
2004	153.54	993.94	10.22	6307.43	862.85	141.64
2005	158.67	1011.94	11.68	7028.23	994.16	187.41
2006	166.29	1034.78	13.15	7866.97	1215.18	222.72
2007	22.58	508.99	18.47	10356.41	932.44	—
2008	23.35	525.41	21.16	11747.64	1166.90	—
2009	25.84	558.41	22.87	12119.04	1374.95	—
2010	26.59	593.72	24.71	13178.30	1584.01	329.97
2011	27.57	631.61	26.26	13492.66	1851.65	369.49
2012	28.36	705.43	28.66	14662.60	2295.60	418.14

资料来源:《中国农业统计资料》并经笔者整理所得。

表5-5 山东乡镇企业主要经济指标情况

年份	个数（万个）	从业人员数（万人）	人均总产值（万元）	人均劳动报酬（元）	利润总额（亿元）	出口产品交货值（亿元）
2000	204.82	1311.57	9.39	4245.65	460.25	731.47
2001	215.40	1345.39	10.19	5648.69	512.80	826.21
2002	241.77	1447.29	11.82	5548.85	829.80	1018.15
2003	248.36	1529.81	13.76	5872.06	1009.11	1018.15
2004	217.73	1627.84	14.96	6620.17	1272.99	1956.86

续表

年份	个数 （万个）	从业人员数 （万人）	人均总产值 （万元）	人均劳动报酬 （元）	利润总额 （亿元）	出口产品交货值 （亿元）
2005	224.81	1653.48	18.34	7977.25	1644.38	2577.10
2006	225.90	1772.09	21.84	7874.66	2662.35	3272.49
2007	51.95	1159.93	33.13	10039.78	2468.70	—
2008	53.73	1165.68	39.67	11763.96	2867.11	—
2009	55.42	1215.64	45.32	12716.55	3431.51	—
2010	59.67	1303.63	52.66	13716.70	4656.27	3994.29
2011	70.33	1410.47	60.22	15593.26	6111.93	4759.39
2012	78.51	1591.22	71.67	24110.75	9210.85	5912.69

资料来源：《中国农业统计资料》并经笔者整理所得。

随着我国农村经济体制改革的逐步深入和农业贸易开放力度的加大，农村家庭联产承包责任制已不能解决家庭小生产与国内外大市场、农户小规模经营与社会化大生产、传统农业生产方式与农业生产专业化、农业高社会效益与低经济效益等诸多矛盾所引起的深层次问题，这些都严重制约着农业和农村经济的进一步发展。在这种背景下，从20世纪90年代初开始，农业产业化在我国悄然兴起。农业产业化就是将千家万户的小农户集中起来，转变为社会化大生产的一个个组成部分，由龙头企业来支配资源配置，具体负责产、加、销，从而将一些市场交易内部化，达到了节省交易费用的目的。这种新型的经营方式既能发挥家庭联产承包责任制的优势，又能克服这种体制固有的缺陷。通过市场和龙头企业的带动将分散的农户组成大群体，建成大基地，实现农业的规模经营，延伸了农业产业链，不仅使农民从种养业中获得稳定的收益，让农民分享到了加工、流通环节的利润，实现农民的收入和就业机会双双增加，而且还增强了农产品竞争力，增加了出口的可能性。

河南省政府很早就重视农业产业化的发展，从1997年开始，就开展省级重点龙头企业认定，实行动态管理，在财政、信贷、用地、用电等方面给予扶持。尤其是从"十五"时期开始，出台了相应的农业产业化发展计划和指导意见，制定了一系列农业产业化经营的扶持政策和措施，全省农业产业化经营水平有了较大提高。山东省作为最先发展农业产业化经营的省份，自20世纪90年代后期开始，就把农业产业化经营与农业农村经济结构战略性调整、推进农村城镇化、经济国际化和农业现代化相结合，不断加大扶持力度，农业产业化逐步成为农业发展的主要经营方式和组织形式。特别是从"十五"以来，山东农业产业化发

第五章 中国"入世"前后河南和山东农业和农村发展差异的成因分析

展速度不断加快,经营水平不断提高,在引领现代农业建设、带动农民增收、促进新农村建设中发挥了越来越重要的作用。表 5-6 显示了两省的"十五"和"十一五"期间农业产业化主要发展情况(两省详细的情况,可参见附录 6)①。

表 5-6 河南和山东"十五"和"十一五"期间农业产业化发展情况

		河南	山东
"十五"	农业产业化组织经营组织总数(个)	6560	11260
	国家重点龙头企业(个)	23	45
	省级重点龙头企业(个)	128	359
	年销售收入超亿元龙头企业(个)	239	884
	带动农户(万户)	897	1375
	占农户总数(%)	45	65
	户均增收(元)	986	1192
"十一五"	农业产业化组织经营组织总数(个)	6248(骨干龙头企业)	20748
	国家重点龙头企业(个)	39	59
	省级重点龙头企业(个)	562	695
	年销售收入超亿元龙头企业(个)	594	1990
	龙头企业固定资产(亿元)	819	7100
	龙头企业实现销售收入(亿元)	3532	10880
	带动农户(万户)	1189	1720

资料来源:河南省、山东省"十五"和"十一五"农业产业化发展报告。

从两省"十五""十一五"农业产业化经营发展情况来看,河南与山东还有较大差距,并且大多数龙头企业经营规模小,经济实力弱,辐射面窄,带动农民增收和促进出口的能力还不强。尤其是在对农业和农村经济发展有重要带动作用的农业产业化国家重点龙头企业方面,两省的差距更是明显②(见表 5-7)。

---

① 目前仅可以收集整理两省截至"十五"和"十一五"期间农业产业化发展报告情况。
② "农业产业化国家重点龙头企业"由国家农业农村部、国家发改委、国家财政部、国家商务部、中国人民银行、国家税务总局、中国证监会、全国供销合作总社 8 个部门共同认定,根据全国农业产业化联席会议制定的《农业产业化国家重点龙头企业认定和运行监测管理办法》,企业经过企业申报、各地推荐、专家评审、部门审核、媒体公示等环节,达到标准,最终授牌。自 2000 年公布第一批开始,截至目前一共发布了五批,原则上实行竞争淘汰机制,做到有出有进,但本书不考虑被取消国家重点龙头企业资格的数量。2019 年 5 月 27 日,农业农村部公开《关于开展第六批农业产业化国家重点龙头企业申报工作的通知》,拟认定第六批国家重点龙头企业 300 家,此处第六批数量是给各省(区、直辖市)初步分配的名额数,真实数量以农业农村部最终公布的名单为准。

表 5-7　河南和山东农业产业化国家重点龙头企业数　　　　　单位：个

	第一批	第二批	第三批	第四批	第五批	第六批	合计
河南	6	8	9	16	21	16	76
山东	13	13	12	21	23	18	100

资料来源：农业农村部网站并经笔者整理所得。

(二) 企业发展环境

企业发展环境是企业生存与发展的依托，企业发展环境包括政府服务环境、市场竞争环境、基础设施环境等，良好的发展环境是企业做大做强、提升其市场竞争力的必要条件。在企业发展环境的构建中，政府扮演着重要角色，以政府服务态度、水平、手段、效率为内容的服务环境，往往对企业发展尤其是对出口企业而言显得尤为重要，下面主要从两个方面来探讨河南、山东两省企业发展面临的政府服务环境情况。

一是在地方政府的财政金融支持方面。在对河南安阳、新乡两市涉农企业的调研中，本书发现，很多企业都面临着企业贷款难、融资渠道少、流动资金匮乏等问题，严重制约了企业扩大生产规模的能力。以安阳市健丰食品有限公司为例，该公司作为中部地区最大的饼干生产企业，生产 30 多个系列 300 多个单品，产品销往中国 28 个省 200 多个地级城市，国内市场占有率在 6% 左右，出口美国、加拿大、日本等 30 多个国家和地区。但由于受到资金困扰，无法从当地农发行得到足额贷款，本来设计 15 万吨的年生产能力，实际每年只能生产 10 万吨，导致了企业在国内外很多大的生产订单都无法承接，这大大限制了企业进一步发展和扩大市场规模的能力。然而在山东，一直以来政府都很重视给农业企业创造良好的发展环境，在企业生产经营中实施了财政、税收、金融等鼓励支持措施。一方面，设立了农产品出口促进专项资金、外贸发展基金、农业产业化资金、农业综合开发资金、高新技术产业和中小企业创新资金等；另一方面，还加大了金融产品创新力度，为农产品出口企业量身定做外汇理财和避险工具，引导企业有效规避汇率风险，对国有农产品出口企业、国家重点产业化龙头企业从事农林产品初加工所得收入，按国家税收规定暂免征收企业所得税等。以山东孚日集团股份有限公司为例，该公司是中国规模最大、出口金额最多的专业从事中高档巾被系列产品、床上用品、装饰布系列产品生产和销售的现代化家用纺织品生产厂商。产品主要销往日本、美国、欧洲等十几个国家和地区，自 1999 年以来公司出口数量和出口金额一直名列全国同行业第一位。山东省政府为促进企业的发展，给企业提供了大量优惠的贷款。在调查中得知，企业流动资金的 9.5 亿元来自农发行贷款,占企业整个融资金额的30%~40%,比在商业银行贷款节约了不少利息成本,为企业快速发展注入了强大的资金支持。

二是在企业出口便捷程度方面。河南目前除郑州海关一个直属海关外,还有洛阳海关、南阳海关等多个业务现场。但在调研中,本书发现,由于部分地市暂时还没有海关,很多地级市出口企业无法就地报关,不得不到就近市的海关去办理相关出口手续,这就延长了企业出口通关的时间并增加了相应成本,从而给企业出口带来了诸多不便。相较而言,山东有济南海关和青岛海关两个直属海关,业务现场覆盖了每个地市,保证了每个地级市至少有一个通关出口,给当地企业就地办理各种出口手续等提供了便利。总之,从河南、山东各自海关数量来看(见表5-8),两省农业出口企业通关便利程度差异也很大。

表5-8 河南和山东海关分布情况

地区	直属海关	业务现场
河南	郑州海关	郑州机场海关、郑州车站海关、郑州邮局海关、金水海关、郑州新区海关、新郑海关、洛阳海关、南阳海关、安阳海关、商丘海关、周口海关、焦作海关、三门峡海关、新乡海关、信阳海关、鹤壁海关、许昌海关、平顶山海关(筹)、漯河海关、濮阳海关、开封海关(筹)、驻马店海关(筹)、济源海关(筹)
山东	济南海关	负责济南、泰安、淄博、潍坊、德州、滨州、聊城、东营8市的海关业务。辖区内3个对开放口岸分别为济南遥墙国际机场、潍坊港和东营港,还设有济南、潍坊、东营3个综合保税区和淄博、滨州、诸城3个保税物流中心(B型)
山东	青岛海关	负责青岛、枣庄、烟台、济宁、威海、日照、临沂、菏泽8市各项海关业务

资料来源:郑州海关、济南海关和青岛海关网站(截至2018年底)。

(三) 企业发展能力

除了外部环境对企业出口带来的巨大影响外,企业自身的情况更起着主要的作用。从实际情况来看,河南大部分农产品生产企业呈现如下特点:一是企业规模偏小,技术落后,国际竞争力不高,难以适应出口的需要。据统计,2009年河南农产品出口低于100万美元的企业占72%,2010年年销售收入超亿元的大企业594家,其中30亿元以上的有10家,龙头企业固定资产达819亿元,实现销售收入3532亿元。二是出口意识不强,国际贸易配套服务体系不完善。多数企业缺乏对进口国农产品技术标准的了解,难以有效突破技术、绿色等贸易壁垒,遇到涉外贸易纠纷往往回避。在调研中,本书发现,更有一些农业企业因为出口国外产品检测标准高而放弃出口。三是质量标准检测体系落后。部分企业在基地建设、产品生产等环节没有标准或标准落后,一些出口原料基地不能满足出口需求,大部分企业自控检测能力低,特别是初级农产品加工企业不能开展有效检测。不规范使用农药、兽药情况时有发生,直接影响了农产品的出口。据报道,2008年河南省有11批次产品被国外检出不合格,其中因药物残留和重金属超标引起的有8批次。整体来看,山东省的农业企业一般呈现如下特点:一是规模较大,竞争力较高。2010年,山东省过亿元的龙头企业数量1990家,过10亿元的企业158家,过50亿元的企业13家,过100亿元的企业4家,规模以上龙头企业资产总额达到7100亿元,主营业务收入10880亿元,净利润705亿元。二是出口意识强,积极应对各种贸易壁垒和摩擦。2010年山东拥有进出口权的企业达到1780家,企业出口创汇172亿美元,不少企业都参与了"两反两保"的应对,为企业赢得了调整和发展的时间和空间。三是重视产品质量认证。根据进口国标准和国际标准,山东已研制并推广16种主要出口作物的GAP,获得国外卫生注册的企业1000多家,占全国的1/5以上。2010年,山东通过ISO9000、HACCP、GAP、GMP等质量体系认证的企业达到3554家,主营产品获得有机、绿色、无公害等"三品认证"的企业达到1880家。就目前情况来讲,相对于在国内销售的农产品我国出口的农产品对产品质量要求更高,企业间的竞争更大。通过对两省企业发展能力综合对比来看,河南还是与山东有不小差距,再加上其他方面的原因,河南农产品企业更多选择了开拓国内市场。①

四、农户层面

(一) 非农业收入

从我国农民收入构成来看,农民收入同时来源于农业生产收入和非农收入两个方面,但从实际尤其是近些年的情况看,非农收入已越来越成为我国农民收入来源中的重要组成部分,在部分地区甚至占到总收入的50%以上,非农收入已成为农民增收中的亮点和主要支撑点。我国农民的收入问题和福利的改善很难从农业生产和农业政策中找到大幅度增长的出路和突破口(黄季焜,2000)。农民非农收入对农民增收的重要性已得到了普遍的重视,解决农民收入问题的关键是农民非农就业问题(张车伟、王德文,2004;蔡昉,2005;钟甫宁、何军,2007)。

我国农村居民纯收入按来源分类有工资性收入、家庭经营纯收入、转移性和财产性收入三类。工资性收入是农民从事非农业生产而获得的收入;家庭经营纯

---

① 资料来源:《河南省"十一五"农业产业化发展报告》和《山东省"十一五"农业产业化发展报告》。

收入是农民从事农业及农业加工业等所获得的收入,又可分为第一产业收入和非农产业收入;转移性和财产性收入是农民获得的非劳动收入。农民非农收入是指农民从事非农产业生产、经营所取得的收入,主要包括两大部分:一是工资性收入,二是家庭经营收入中从非农产业中获取的收入。从表5-9中可以看出,近十多年来河南、山东两省非农业收入占农民人均纯收入的比重不断上升,山东省更是已超过50%;两省农民收入净增部分中,非农业收入边际贡献已越来越大,但两者农民在获得非农业收入的方式上却存在差别。山东省由于农村工业化时间早,乡镇企业规模大、数量多,农业产业化水平高,使农村剩余劳动力更容易就地向非农产业转移并且具有更多机会在当地获得非农业收入,这也是山东农民收入水平快速提高的重要推动力;而河南省农村剩余劳动力多,农村工业化水平有限,本地就业机会很少,大部分农村劳动力都选择了离乡到长三角、珠三角等外地就业,外出务工收入成为河南农民收入的重要来源;同时,近些年随着中央对扶贫力度的加大,作为农业大省的河南,农民收入中的转移性收入占比明显高于山东。

表5-9 河南和山东非农业收入对农民收入的贡献①

年份	非农业收入占农民人均纯收入的比重(%)		农民人均纯收入比上年的增量(元)		非农业收入边际贡献(%)	
	河南	山东	河南	山东	河南	山东
2000	37.71	46.38	37.44	109.62	174.60	54.20
2001	37.81	48.66	112.06	145.31	39.53	90.41
2003	41.50	49.88	19.94	202.84	354.06	31.50
2005	40.30	50.06	317.43	423.12	43.47	70.06
2007	43.04	51.68	590.57	617.01	48.53	51.88
2009	44.37	53.21	352.80	477.34	55.61	65.49
2011	48.99	56.41	1080.30	1351.83	65.72	66.26
2013	56.20	53.40	950.40	1173.40	67.18	75.24
2015	58.90	54.70	886.80	1048.10	59.41	79.18
2017	62.70	59.90	1022.50	1163.40	89.83	60.19

资料来源:《中国农村统计年鉴》,经笔者整理所得。

(二)主要农产品的成本收益

在当前农村居民收入中,尽管家庭经营收入的比重正逐步下降,第一产业收

---

① 边际贡献指农户从事非农业所获得收入的增量占农民人均纯收入总和增量的比重。

入已不是农民增收的主要途径，但从目前情况来看，种植业收入仍是农民收入的重要来源。本书选取粮食、棉花、油料、蔬菜和水果作为河南、山东主要农产品的代表进行成本收益分析，主要就是因为这五种农产品的收益基本代表和涵盖了种植业收入的绝大部分，其种植规模、产值在两省种植业结构和农民收入中都占有极其重要的比例。与此同时，两省主要作物的成本收益高低，也会深刻影响到其相应产品的出口贸易情况。

表 5-10、表 5-11、表 5-12、表 5-13 和表 5-14 从每亩产值、总成本、净利润的角度分别比较了 2000~2017 年河南、山东两省粮食、棉花、油料、蔬菜和水果的成本收益情况。一方面，从不同地区之间的净收益来看，山东在这五种主要作物上的净利润整体上要高于河南，两省农民在种植业收入上有着一定的差距。分具体品种看，受国家农业产业结构调整、用工成本快速上升导致总成本不断增加以及国外相关农产品价格等因素的影响，两省在粮食、油料和棉花上的利润在下降甚至变成负数。在其他两种农产品上，山东在蔬菜和水果上的平均净利润总体上比河南要高一些，投入产出收益具有一定优势。对于蔬菜、水果等这些在国际上我国具有比较优势的劳动密集型农产品而言，本来河南在这些产品的生产收益上就处于劣势，再考虑到河南又位于内陆，加上较高的运输费用等，很显然相较山东，河南在这些农产品出口上竞争力要小得多，这也深刻影响了两省出口的贸易量和不同贸易模式的形成。另一方面，从不同品种之间的净收益来看，很明显两省在蔬菜和水果这些劳动密集型产品上的净收益都要远远高于其在粮食、棉花和油料这些土地密集型产品的净收益，这种产品间相对收益的巨大差别，也推动了农业生产结构朝着具有更高收益的劳动密集型产品方向调整。

表 5-10　河南和山东每亩粮食成本收益情况①　　　　单位：元

年份	河南			山东		
	产值	总成本	净利润	产值	总成本	净利润
2000	304.04	238.00	66.05	352.83	290.87	61.96
2001	378.97	243.55	135.42	404.67	288.07	116.60
2003	375.18	252.34	122.84	461.89	311.10	150.79
2005	480.77	335.90	144.87	536.23	387.01	149.22

① 此处以两省的小麦和玉米加总作为粮食的代表；2004 年之前总成本是指含税成本，从 2004 年开始总成本只包括生产成本（物质与服务费用、人工成本）和土地成本（流转地租金、自营地折租），余同。

续表

年份	河南			山东		
	产值	总成本	净利润	产值	总成本	净利润
2007	644.80	382.25	262.55	702.35	446.34	256.02
2009	751.90	532.49	219.41	850.72	552.44	298.28
2011	929.54	670.12	259.42	1010.17	725.20	284.98
2013	918.15	887.68	30.47	1062.57	941.11	121.46
2015	1037.92	1019.69	18.24	1006.97	992.97	14.00
2017	935.75	1036.02	-100.27	1002.54	971.73	30.81

资料来源：参见国家发展和改革委员会价格司（编）历年《全国农产品成本收益资料汇编》。

表 5-11 河南和山东每亩棉花成本收益情况　　　　　　单位：元

年份	河南			山东		
	产值	总成本	净利润	产值	总成本	净利润
2000	696.18	487.45	208.73	971.01	574.99	396.02
2001	642.15	454.12	188.03	780.31	554.28	226.03
2003	668.61	443.83	224.78	1309.42	642.96	666.46
2005	808.56	612.81	195.75	1070.88	754.26	316.62
2007	1104.95	833.27	271.68	1311.82	915.26	396.56
2009	1141.81	1002.41	139.40	1542.54	1088.85	453.69
2011	1432.64	1436.62	-3.98	1513.23	1571.05	-57.82
2013	1691.08	2305.18	-614.10	1677.39	2261.70	-584.31
2015	1135.78	2328.03	-1192.25	1205.36	2471.32	-1265.96
2017	1202.75	2304.99	-1102.24	1584.37	2565.97	-981.60

资料来源：参见国家发展和改革委员会价格司（编）历年《全国农产品成本收益资料汇编》。

表 5-12 河南和山东每亩油料成本收益情况①　　　　　　单位：元

年份	河南			山东		
	产值	总成本	净利润	产值	总成本	净利润
2000	330.22	202.28	127.94	449.58	310.50	139.08
2001	312.69	228.64	84.05	426.32	303.47	122.85

① 此处以两省的大豆和花生加总作为油料的代表。

续表

年份	河南			山东		
	产值	总成本	净利润	产值	总成本	净利润
2003	287.87	216.92	70.95	638.62	331.47	307.16
2005	432.67	314.74	117.93	652.53	383.06	269.47
2007	733.74	390.01	343.73	1120.25	457.61	662.64
2009	865.26	458.90	406.36	1074.07	547.81	526.26
2011	1212.71	636.77	575.95	1362.19	767.77	594.42
2013	1053.88	903.04	150.84	1225.15	1041.03	184.12
2015	1092.69	1034.15	58.54	1242.35	1148.83	93.52
2017	947.68	1068.05	-120.37	1249.57	1159.49	90.09

资料来源：参见国家发展和改革委员会价格司（编）历年《全国农产品成本收益资料汇编》。

表5-13 河南和山东每亩蔬菜成本收益情况①　　　　　　　　单位：元

年份	河南			山东		
	产值	总成本	净利润	产值	总成本	净利润
2000	—	—	—	—	—	—
2001	2734.23	1613.57	1120.67	2394.69	1214.29	1180.40
2003	2496.13	1262.72	1233.42	2421.86	1216.80	1205.07
2005	3443.85	1544.84	1899.01	3660.74	1433.74	2227.00
2007	5140.67	1997.87	3142.80	4591.28	1599.10	2992.18
2009	5399.77	2382.82	3016.95	4913.22	2005.34	2907.88
2011	4930.24	2833.31	2096.93	4023.09	1838.01	2185.08
2013	7271.23	4154.90	3116.33	7292.54	3276.01	4016.53
2015	6684.78	4251.94	2432.84	6133.08	3525.53	2607.55
2017	6820.71	4237.07	2583.64	5355.06	3523.74	2475.78

资料来源：参见国家发展和改革委员会价格司（编）历年《全国农产品成本收益资料汇编》。

---

① 由于全国农产品成本收益资料中没有蔬菜这一统计项，受数据资料限制和前后统计口径一致性的影响，此处以两省的露地西红柿、黄瓜、茄子、菜椒和大白菜五个品种加总作为蔬菜的代表；同时，成本收益资料中也没有分省具体蔬菜品种的数据，分别以其公布的大中城市蔬菜成本收益调查中郑州、济南作为河南、山东的代表（2004年之前都按地区工价汇总）。

表 5-14 河南和山东每亩水果成本收益情况① 单位：元

年份	河南			山东		
	产值	总成本	净利润	产值	总成本	净利润
2000	900.92	674.45	226.47	2323.69	1922.60	401.09
2001	1051.58	753.39	298.19	2610.17	1909.23	700.94
2003	1280.9	857.2	424.91	3368.29	1998.58	1369.71
2005	1855.66	1082.88	772.78	4302.83	2545.03	1757.8
2007	3509.56	1719.22	1790.34	7249.84	3065.26	4184.58
2009	3515.78	2332.14	1183.64	8144.65	3844.39	4300.26
2011	5616.18	2852.44	2763.74	11922.54	5133.84	6788.7
2013	5705.57	3619.59	2085.98	10516.63	7124.08	3392.55
2015	6356.19	4917.27	1438.92	10898.34	7730.36	3167.98
2017	5896.42	5145.78	750.64	9883.22	7530.77	2352.45

资料来源：参见国家发展和改革委员会价格司（编）历年《全国农产品成本收益资料汇编》。

（三）对"入世"的认知情况

按照比较优势原理，"入世"后扩大农业贸易开放会改变国内拥有不同生产要素的农民的收入分配。一方面，劳动密集型农产品的出口增加将拉动其国内价格上升，使从事如蔬菜、花卉、水果等出口农产品生产的农户收入提高；另一方面，土地密集型农产品的进口增加将会压低国内同类产品的价格，从而使从事粮、棉、油等进口替代农产品生产的农民收入减少。因此，作为农村经营主体的农户，其对我国加"入世"界贸易组织的认知水平高低，也会影响其是否能按照比较优势对农业生产结构及时进行调整，从而影响其相应的收入水平。为此，我们对河南、山东两省的部分农户对"入世"的认知情况进行了问卷调查。其中，河南省选择了安阳市（安阳县、内黄县）、新乡市（卫辉市、封丘县）共 127 户农户作为调查范围；山东省选择了潍坊市（高密市、昌邑市）、菏泽市（曹县、单县）共 104 户农户作为调查范围。调查结果显示（见表5-15）：①两省农户对"入世"的认知程度都很低。究其原因，主要是调查农户的年龄偏大，受教育水平不高，并且大部分农户的生产规模很小，生产的农产品就地被收购，很少与出口直接关联，因而他们对扩大贸易开放、进出口问题的关注程度较低。②过去十多年中，两省的农户家庭生产结构都有了较大程度的调整。其中，由于农民外出务工，农村劳动力减少，国

---

① 由于全国农产品成本—收益资料中没有水果这一统计项，此处以苹果来代替。

家对种粮、农机购置等进行了补贴，河南大部分农户都逐步减少了棉花、油料作物的种植，增加了粮食、蔬菜的种植。然而山东则利用其出口便利、资源环境等优势，再加上其农产品出口比例大，农产品价格更接近和更容易受到国际市场价格的影响，对按比较优势生产的体会更深，因而农户明显减少了棉花、粮食等传统农作物的种植，而选择种植了更有利出口、经济效益更高的水果、蔬菜等。

表5-15 河南和山东两省农户对"入世"的认知情况

	河南	山东
样本数（人）	127	104
其中：男性（人）	96	85
女性（人）	31	19
户主年龄均值（岁）	49.3	51.1
你知道我国加"入世"界贸易组织了吗？（%）	22.8	36.5
其中：知道是在2001年的（%）	4.7	8.7
过去10年中，你家的农业生产结构有调整吗？（%）	61.4	79.8

资料来源：笔者根据调研数据整理所得。

综合河南、山东两省情况来看，"入世"及扩大农业贸易开放对农民的生产、生活决策并没有产生直接的影响，其效应是通过国内市场环境变化间接传导的，而外向型涉农企业是最重要的信号传导者，其基本机制是企业根据外方订单组织国内货源，通过与农户签订生产合同或在市场上直接收购原料等方式影响农户的生产决策。因此，在农户知识或信息来源有限的情况下，企业（尤其是外向型涉农企业）和政府在传递国际市场信息上的作用就显得非常重要，而两省在这方面又是有明显差异的。

五、本章小结

导致区域农业和农村发展产生差异的原因是多方面的，本章分别从国家、区域、企业和农户四个层面，探析了导致河南、山东两省农业和农村发展绩效差异的原因，得出了如下的结论：

第一，从国家层面看：一方面，长期以来国家对河南、山东两省执行了差异性的发展政策和战略，这种区域经济发展思路的差异限制和影响了地区农业发展思路和农业生产结构的调整，并进而导致了农村经济发展方式的不同，国家宏观政策对区域经济发展有着深远的影响；另一方面，扩大贸易开放后国内市场需求

第五章 中国"入世"前后河南和山东农业和农村发展差异的成因分析

的迅速扩张,也为河南这些不便利用国际市场来发展外向型模式的内陆省份的农业发展提供了支撑,其内向型农业发展模式也因此同样取得了很好的绩效。

第二,从区域层面看:在地区发展战略上,河南受国家相关政策的限制,一直把粮食生产作为农业发展的重中之重,这也在某种程度上限制了其在非粮农产品上的发展;在应对"入世"能力上,山东则比河南表现得更加未雨绸缪和积极主动;在市场发育水平上,山东的市场发育程度和市场意识上都要明显高于河南;在利用外资上,山东利用沿海位置等优势,长期以来始终保持着较高的水平,外向型经济较为发达;在地理位置上,山东优越的沿海位置为出口提供了便利,而河南深处内陆,进出口的交易成本高也阻碍了对外贸易的发展;在文化和思想观念上,河南受中原文化影响,再加上土地资源丰富,思想相对保守,而山东尤其是其沿海地区,受西方文化影响早,市场观念和对外开放意识强。综合来看,在区域层面上,两省从发展战略到思想观念等诸多方面都存在不同,这也在很大程度上决定了它们发展方式的差异。

第三,从企业层面看:相较河南,整体上讲山东在农村工业化和农业产业化发展上起步早、水平高,企业在发展中享受政府财政金融的支持力度大、出口更加便捷,再加上企业自身发展能力强,这些都导致了河南在企业层面上要逊于山东。面对更加竞争激烈的海外市场,两省在涉农企业整体竞争力上的差异也让两省在发展农业贸易上有不小差距。

第四,从农户层面看:在非农业收入上,非农业收入已成为两省农民收入增长中最大的动力来源,由于非农就业机会的差异,河南农民的非农业收入水平和对收入的贡献率都要比山东低。在主要农产品的成本收益上,一方面,从不同地区之间的净收益来看,山东在五种主要作物上的净利润都要高于河南,再加上优越的地理位置,更低的运输成本,很显然山东在农产品对外贸易中更有优势,这也是导致两省在农业贸易开放度上差距较大的重要原因。另一方面,从不同品种之间的净收益来看,很明显两省在蔬菜和水果这些劳动密集型产品上的净收益都要远远高于其在粮食、棉花和油料这些土地密集型产品上的净收益,这种产品间相对收益的巨大差别,也使农业种植结构朝着具有更高收益的劳动密集型产品方向调整。在对"入世"的认知情况上,由于扩大贸易开放对农民的生产、生活决策并没有产生直接的影响,其效应是通过国内市场环境变化间接传导到农户的,因而两省农户对"入世"的认知程度普遍都很低。

第六章 扩大贸易开放背景下国家层次效应向国内区域的传导机制

随着我国 2001 年年底正式加"入世"界贸易组织，由此农业和农村经济发展开始处于高度开放的市场环境之中。在扩大贸易开放的背景下，我国对相关政策进行了积极调整，国内外农产品市场联系更加密切，这也直接影响和改变了国内劳动力的配置、农业产业结构调整、农产品贸易发展和农村居民收入。本章主要分析在扩大贸易开放背景下国家层次效应如何向国内区域传导，以及区域间价格的传导机制和交互影响。

一、宏观经济政策调整

"入世"之后，为了适应世贸组织的规则，我国对国内外相关宏观经济政策进行了一系列的重大调整。

第一，在农业政策上，我国遵守了世界贸易组织的有关协定，积极履行了"入世"承诺，并对贸易政策和国内有关政策做出了相应的调整。①在农产品进口关税减让方面，我国按照有关承诺大幅削减了农产品关税，取消了所有形式的出口补贴。②在农产品关税配额管理方面，制定了配额的分配方法。③在农产品食品卫生安全政策方面，一是认真执行《实施卫生与植物卫生措施协定》，按要求做出了一些政策调整；二是出台了一系列提高农产品食品质量安全的政策和多项相关法律，其中最为重要并且引起高度关注和广泛反响的政策有两项，即推行"无公害食品行动计划"和制定实行《农业转基因生物安全管理条例》。④在国内支持政策方面，根据履行国内支持水平承诺义务的要求，我国在"黄箱"政策和"绿箱"政策方面做出了一些调整。⑤在农业法律法规方面，国务院、农业农村部等部门先后修改和废止了一些管理办法、规章和规范性文件，部分相关的法律法规得到了完善。

第二，在双边贸易发展上，我国积极与周边国家和地区建立了双边的贸易协定，截至 2019 年 6 月底，中国已经签订协议的自由贸易协定有 16 个，涉及 24 个国家和地区，同时还有多个正在谈判的自贸区和正在研究的自贸区。

第三，在多边贸易谈判上，中国全面参与了多哈回合谈判进程，并且成为有重要影响力的成员之一。除了要求发达国家实质性地削减其农业国内支持和保障发展中国家的共同权益外,中国也力争在实施减让措施这方面给予世界贸易组织新成员某些特殊对待。由于各方面的原因,多哈回合谈判实际上已经处于停滞状态①。另外,近十余年来,我国的外汇制度改革、人民币国际化进程等政策措施的实施,也对我国经济社会的发展产生了重要影响。

二、农业产业结构调整

根据新古典贸易理论,一国的资源禀赋决定了该国在哪些行业上具有比较优势,比较优势结构则决定了开放贸易后的产业结构调整方向和相应的要素配置调整方向。我国劳动力要素丰富,土地资源相对稀缺,因而在扩大贸易开放后,按照比较优势,我国的蔬菜、水果、花卉等劳动密集型的农产品出口将会扩大,粮食、油料等土地密集型的农产品进口将会增加,这必然会改变国内要素的配置,进而推动农业产业结构的调整。

图 6-1 和图 6-2 反映了"入世"前后河南、山东两省农业、林业、牧业、渔业各项增加值构成比例的变化情况,从农、林、牧、渔业总产值的结构来看,两省的农业、林业产值所占比重都有所下降,而牧业产值所占比重都趋于上升②。

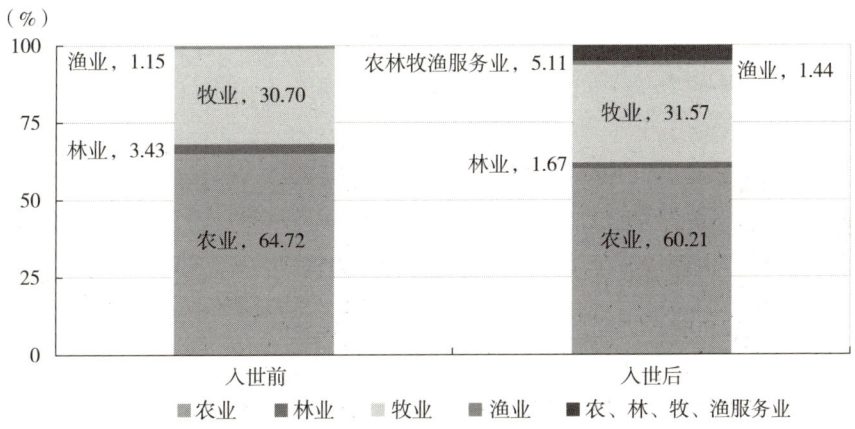

图 6-1 "入世"前后河南农、林、牧、渔业总产值构成比例变化情况

资料来源:《河南统计年鉴》。

---

① 需要注意的是,尽管多边谈判进程遭遇挫折,但经济全球化和扩大贸易开放的总体方向不可能出现重大逆转,这是未来全球经济贸易发展的基调。

② 图 6-1 至图 6-4 中农业增加值构成比例是按当年价格计算所得,其中数据统计口径有所变化,从 2003 年起增加了农、林、牧、渔服业这一项新指标,同时图中数据还利用 2006 年农业普查数据进行了调整;为了减少波动产生的影响,此处分别选取 2000~2001 年、2016~2017 年两省农、林、牧、渔业增加值各部分所占比重的平均值代表"入世"前、"入世"后的情况。

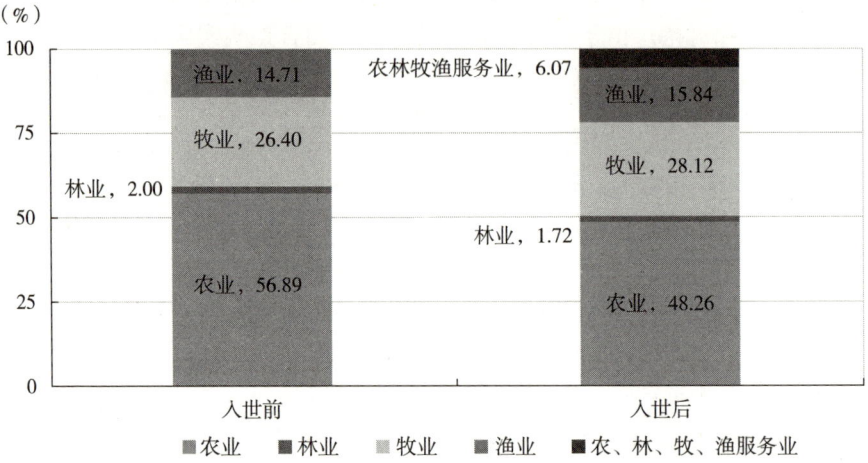

图 6-2 "入世"前后山东农、林、牧、渔业总产值构成比例变化情况

资料来源:《山东统计年鉴》。

图 6-3 和图 6-4 反映了"入世"前后河南、山东两省农业分项产值的变化情况①。从其中的农业分项产值来看,"入世"后河南的谷物、棉花等具有相对劣势的土地密集型产品的产值所占比重大幅下降,蔬菜、水果等具有比较优势的劳动密集型产品的产值所占比重迅速上升,油料产值所占比重有一定程度的下降,但整体变化情况不是太大。与河南相比,山东的农业产值调整幅度不大,但农业产业结构基本上也是按照比较优势进行了调整②。

表 6-1 反映了河南、山东两省的生猪在 2001 年和 2016 年的饲养规模情况③。从其中畜牧业规模化饲养发展情况来看,以生猪为例,"入世"后两省的生猪饲养规模化程度明显提高,由此也说明扩大贸易开放后两省在畜牧业生产模式上发生了转变。

---

① 由于受到数据资料的限制和减少个别年份数据的异常波动,此处反映"入世"前后农业分项产值的变化情况中,用 2001~2002 年的平均值来表示"入世"前的情况,"入世"后仍旧用 2016~2017 年平均值表示。

② 主要是由于山东在"入世"前已进行了较大幅度的农业产业结构调整,因而"入世"后调整的空间有限,后面研究中也会阐述到此问题。

③ 由于受到数据资料限制,此处只选择了两省在 2001 年和 2016 年的生猪饲养规模作为"入世"前后两省的畜牧业规模变化情况的代表。

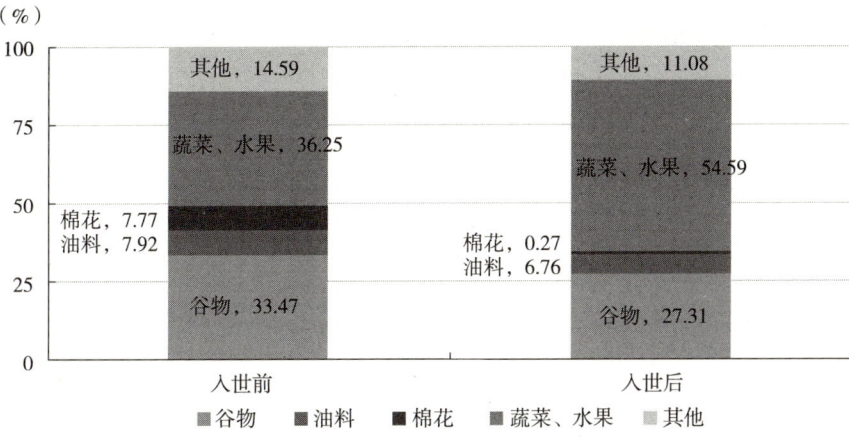

图 6-3　"入世"前后河南农业分项产值构成比例变化情况

资料来源:《中国农村统计年鉴》。

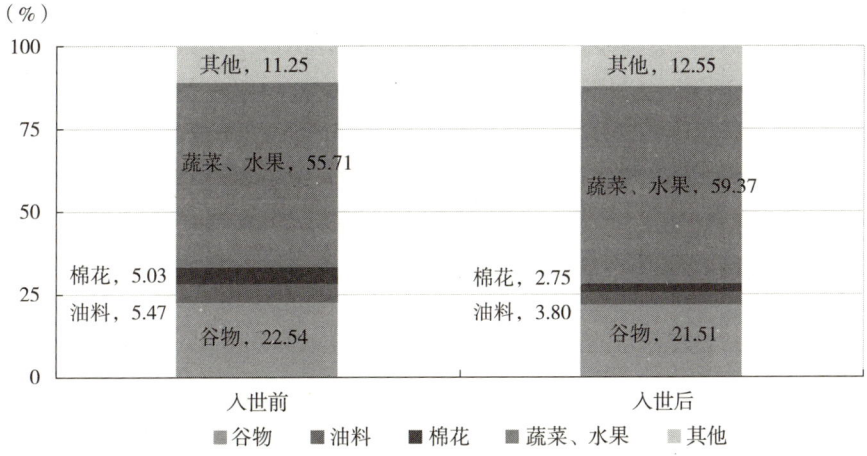

图 6-4　"入世"前后山东农业分项产值构成比例变化情况

资料来源:《中国农村统计年鉴》。

表 6-1　河南和山东生猪饲养规模变化情况

	50头及以上饲养户数（场数）	50头及以上饲养户数占比（%）					
		50~99	100~499	500~2999	3000~9999	1万~5万	5万以上
2001年							
河南	81530	76.38	20.54	2.76	0.25	0.07	—

续表

	50头及以上饲养户数（场数）	50头及以上饲养户数占比（%）					
		50~99	100~499	500~2999	3000~9999	1万~5万	5万以上
山东	90995	78.70	19.05	2.04	0.16	0.04	—
2016年							
河南	147132	37.5	44.95	15.61	1.56	0.32	0.05
山东	238570	58.88	31.50	8.97	0.56	0.07	0.01

资料来源：根据《中国畜牧业年鉴》并经笔者整理所得。

图6-5和图6-6反映了2000~2017年河南、山东两省的主要农作物播种面积构成变化情况。从种植业结构来看，由于国家长期以来对粮食安全问题十分重视，狠抓粮食生产不放松，再加上"入世"后国内又实施了一系列支农、惠农的政策（包括粮食直补、综合直补、减免农业税等），这些都使种粮的比较收益提高，粮食作物在两省的整个农作物种植中一直占据着主要地位，粮食的播种面积基本保持了稳定；油料作物作为土地密集型农产品，缺乏比较优势，"入世"后生产受到了冲击，尽管在总产量上比"入世"前略高，但在总作物播种面积中所占的比重还是有所萎缩；"入世"增加了我国纺织品出口的机会，进而拉动了对原料棉花的需求，为国内棉花生产提供了有利的机遇，在这一背景下，我国的棉花总产量呈现增长态势，但年际波动剧烈，尤其是近几年来由于劳动成本快速上升和进口急剧增加而导致棉花生产陷入困境；蔬菜、水果等相对劳动密集的园艺产品是国内市场消费需求增加较快的商品，也是我国具有较强国际竞争力的农产品，"入世"为扩大这类产品生产创造了良机，两省都增加了播种面积。尤其是山东，蔬菜种植的比重一直较高，据统计，1999年以来山东省蔬菜加工出口量和出口额一直位居全国首位，2004年以来出口量更是占据全国蔬菜总出口量的30%以上。

为了更加清晰地看到河南、山东两省主要农作物结构调整情况，本书在此选择了2000~2017年两省的棉花和蔬菜两种典型作物种植面积占全国的比例来分析，这两种作物分别代表了具有比较劣势和比较优势的两种产品。从图6-7中可以看出，受中国棉花生产总体上由内陆向新疆迁移趋势的影响，尽管"入世"后对纺织品出口的乐观预期曾导致两地棉花生产短期回升，但总体来讲两省的棉花种植面积都做了相应调整，但是这种调整时间差异很大。河南在"入世"前棉花种植面积在全国所占的比重基本保持了稳定，"入世"后所占比重才开始迅速下降；山东则从20世纪90年代就开始了对棉花种植面积的调整，"入世"前

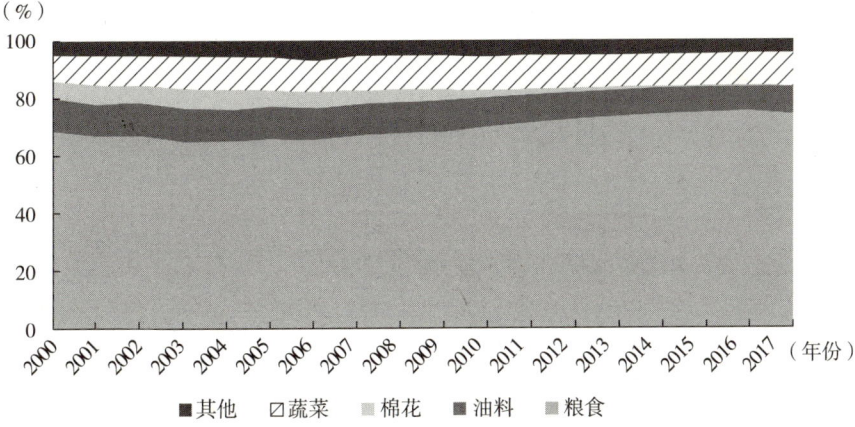

图 6-5　河南主要农作物播种面积构成变化情况

资料来源：《河南统计年鉴》。

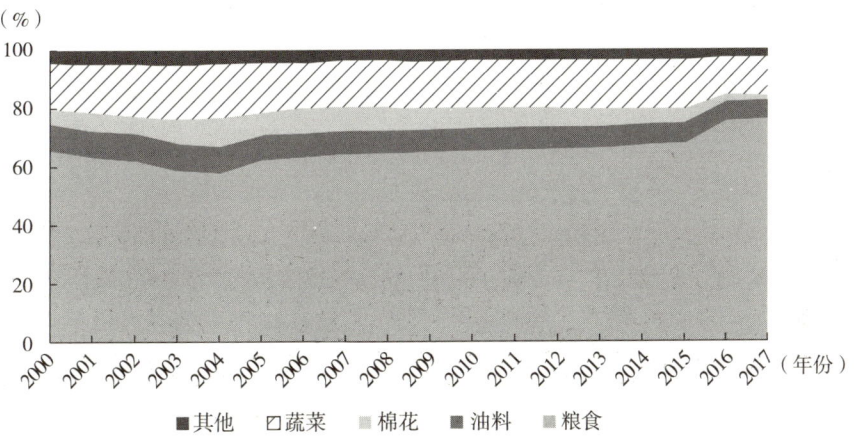

图 6-6　山东主要农作物播种面积构成变化情况

资料来源：《山东统计年鉴》。

已经下降到了很低的比重水平，"入世"后一段时间内受纺织业出口增加的拉动，棉花生产出现了回升，但随着最近几年劳动力成本上升等因素影响，棉花生产又出现了回落。

由图 6-8 可以看出，从 20 世纪 90 年代开始，河南、山东两省蔬菜的种植面积在全国所占的比重总体上都是趋于上升的，但山东蔬菜的种植面积在"入世"前早就开始调整，种植面积发展很快，而河南则调整相对比较缓慢，2006 年以后两省种植面积在全国所占的比重趋于稳定和一致。

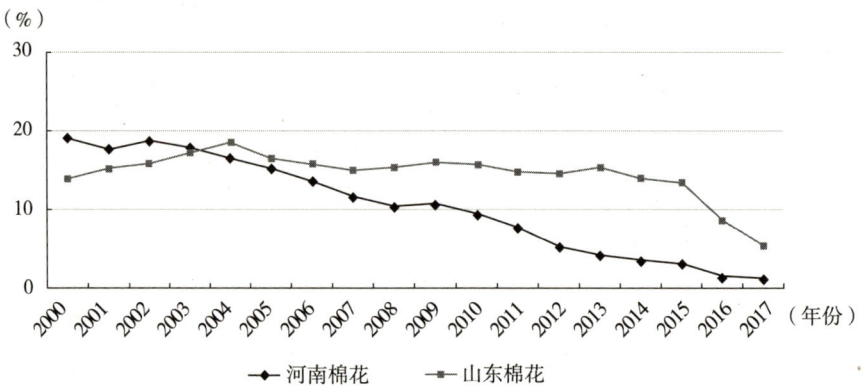

图 6-7　河南和山东棉花种植面积变化情况

资料来源:《中国农村统计年鉴》。

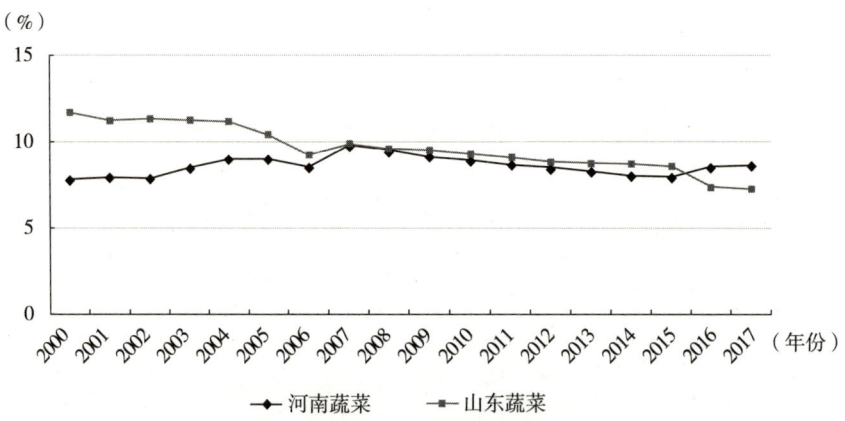

图 6-8　河南和山东蔬菜种植面积变化情况

资料来源:《中国农村统计年鉴》。

从上面对河南、山东这两种典型作物种植面积比重变化情况的综合分析来看,山东对缺乏比较优势的产品的调整要早于河南,有优势的产品发展则早于河南。也就是说,山东在"入世"前已经与海外形成密切的联系,结构调整起步早;河南与海外市场联系较晚,结构调整迟于山东。这实际上也可以说,虽然"入世"作为扩大贸易开放的标志性事件,但实际上很多地区早已开始扩大贸易开放,尤其是沿海地区①。总的来看,"入世"后随着贸易开放的扩大,我国农

---

① 这实际上也是在某种程度上印证了前面第四章中提到的有关两省农业贸易开放度变化的情况,山东在"入世"前农业贸易开放度就已经很高了。也就是说,山东很早就与海外市场联系密切。

产品面临了更广阔的国内外市场,尤其是国内经济的持续快速增长、城乡居民收入的稳步提高,这些因素都加快了我国农业生产结构的调整步伐和资源的合理配置。从实际情况看,受各种政策影响,"入世"后河南、山东两省粮食生产还是保持了稳中有增,但棉、油、蔬菜等作物受到了不同程度的影响,两省按照比较优势对生产结构做出了相应的调整。

不过上面的分析都只是对"入世"前后河南、山东的农业产业结构调整进行了简单描述,为了能更清楚地说明扩大贸易开放对地区农业产业结构的影响,下面将分别利用生产结构调整指数和农产品集中度指数对两省的农业产业结构变化情况进行分析比较。

其中,生产结构调整指数公式是:

$$I_i = \frac{\sum_{j=1}^{N}(S_{ij}^1 - S_{ij}^0)}{2} \tag{6-1}$$

其中,S_{ij} 为 j 地区农产品 i 产值占全国产值的比例,上标 0 和 1 表示基期("入世"前)和报告期("入世"后)。

农产品集中度指数公式是:

$$H_j = \frac{\sqrt{\sum_{i=1}^{N}(X_{ij}/X_j)^2} - \sqrt{1/N}}{1 - \sqrt{1/N}} \tag{6-2}$$

其中,X_{ij} 为 j 地区农产品 i 产值,X_j 为 j 地区农产品总产值。

从理论上讲,扩大贸易开放后,地区生产结构会按照比较优势进行调整,进而导致农产品集中度指数上升,而且开放程度更高的地区调整幅度应该会更大,集中度指数也上升更加明显。因此,此处提出如下两个假设:

假设1:扩大贸易开放引起各地区生产结构按照比较优势调整,在其他条件不变的情况下,贸易开放程度提高快的地区生产结构调整指数大。

假设2:扩大开放贸易后各地区按照比较优势调整会导致集中度指数上升,在其他条件不变的情况下,贸易开放程度提高快的地区生产集中度提高快。

根据"入世"前后时期数据指标的可得性及口径的统一性,书中把农产品分为谷物、油料、棉花、烟叶、蔬菜水果、猪牛羊、林业、渔业、其他九类,同时由于受到数据资料的限制并且基于减少个别年份数据的异常波动研究需要,此处在反映"入世"前后各分项农产品产值的变化情况中,用 2001~2002 年的平均值来表示"入世"前(基期)的情况,"入世"后(报告期)仍旧用 2016~2017 年的平均值表示。根据指数定义,经计算得到如下的结果(见表6-2、表6-3):

表 6-2　河南和山东农业生产结构调整指数　　　　　　　　　　单位: %

	谷物	油料	棉花	烟草	蔬菜水果	猪牛羊	林业	渔业	其他
河南	-0.244	1.257	-5.183	-1.477	4.584	-0.120	-0.857	0.135	1.905
山东	-0.061	0.017	-0.182	-0.375	-1.224	0.467	-0.791	0.471	1.678

资料来源：根据《中国农村统计年鉴》并经笔者计算所得。

表 6-3　河南和山东农产品集中度指数

	"入世"前	"入世"后	调整幅度（%）
河南	0.158	0.180	2.220
山东	0.164	0.166	0.167

资料来源：根据《中国农村统计年鉴》并经笔者计算所得。

根据表 6-2 和表 6-3 的计算结果，可以看出"入世"前后河南、山东两省的农业生产结构总体上都按照比较优势进行了相应调整，农产品的集中度指数也都有了不同程度的提高，这些结论基本上支持了上述提出的部分假设。但从两省农业生产结构的变化情况和农产品集中度指数的调整幅度来看，河南都要比山东更大、更快，这与预期的假设相矛盾。导致这种偏差的原因可能有三点：一是与基期选择有关，"入世"尽管作为扩大贸易开放的标志性事件，但很多省份地区在"入世"前就早已经对农业生产结构进行了相应调整，尤其是与海外联系较早的沿海地区。从实际来看，山东农产品生产结构调整起步早，在 20 世纪 90 年代初就开始了，所以在"入世"后其调整的空间有限。二是归咎于"其他条件"的变化。实际上，受经济快速增长拉动的影响，我国国内农产品市场需求在数量和质量方面的变化均快于国际市场，因而国内因素对生产结构调整有更大影响。在一定程度上，进口贸易迅猛增大反映的就是国内需求快速增长。沿海地区利用其区位优势扩大对外出口，其产生的部分效应是为内陆地区腾出更大的国内市场空间，从而引起内陆省份按照在国内市场上的竞争优势调整生产结构。三是由于统计数据可得性和口径统一性等原因，导致了产品的分类较少，这对相关指数的计算结果也会产生影响，因此数据缺乏足够细度，这可能也是其中原因之一。

三、农村劳动力配置变化

根据贸易理论，扩大贸易开放将导致要素从缺乏比较优势的生产活动流向具有比较优势的生产活动。在我国，这意味着乡村劳动力由农业流向非农业，由土地密集型农产品生产流向劳动密集型农产品生产，由劳动成本低的经济落后地区流向劳动成本高的经济发达地区。

（一）农村劳动力就业区域

扩大贸易开放后，根据国际贸易的比较优势理论，我国会明显增加劳动密集型产品的出口，这将进一步拉动对国内劳动力的需求，同时由于各地发展机遇的差异，也会引起劳动力在不同地区的配置变化。我国政府尚没有系统地发布过乡村劳动力跨地区流动数据，只有在1997年第一次农业普查和2006年第二次农业普查中对乡村劳动力就业地做了调查，由于资料限制，本书只能用这两次农业普查中农村住户从业人员的从业地区分别代表扩大贸易开放前后河南、山东两省农村劳动力的就业区域①。

表6-4　河南和山东农村住户从业人员从业地区分布变化情况②　　　　单位：%

	县内	县外省内	外省
1997年			
河南	93.17	2.94	3.89
山东	95.79	2.99	1.22
2006年			
河南	80.83	5.64	13.53
山东	90.08	7.20	2.72

资料来源：笔者按照《中国第一次农业普查资料综合题要》（1997年）和《中国第二次全国农业普查资料汇编》（2006年）整理所得。

表6-4反映了第一次和第二次全国农业普查中河南、山东两省农村住户从业人员的从业地区分布情况，由此可以看出，在"入世"前的1997年，由于经济发展水平有限、城乡分割制度的阻碍、非农就业机会少等原因，那时的劳动力流动还较少，两省大部分农村剩余劳动力都是选择在本地从事农业生产，很少选择到本县以外的地区就业，两省农村劳动力从业地区基本类似。然而随着贸易自由化的深入，国内要素市场逐步得到发育，东南沿海地区经济快速发展，农村生产效率逐步提高，我国劳动力供需和流动性都发生了很大变化。到2006年，农村外出务工人员数量明显增加，劳动力跨地区流动性显著增强，但两省农村劳动力

---

① 2015年6月国务院决定于2016年开展第三次全国农业普查，普查的标准时点为2016年12月31日，时期资料为2016年度资料，相关数据资料暂时还未对外公开发布。

② 在从业地区中，外省从业人员中也包括了少量的中国香港、中国澳门、中国台湾地区以及出国务工人员。

选择的从业地区却有所差异。一方面，受地理位置、国家政策等原因限制，河南在吸收外资、对外开放、经济发展水平上等都与东南沿海发达省份有明显差异，当地经济提供的非农业就业机会相对较少，这也直接导致了本地在吸收劳动力就业能力上比较欠缺；另一方面，经济较为发达的沿海地区则有着更多的非农就业机会。因而对拥有丰富劳动力的河南而言，在这种"推力"和"拉力"下，大量农村剩余劳动力主要还是选择了外出务工，资料显示，其中选择在省外务工的绝对数量和比例都明显上升，并主要集中在长三角、珠三角等沿海经济发达地区。相比较河南，山东省利用各种优势，工业化水平迅速提高，数量众多的外资企业、本地企业有着极强的劳动力吸收能力。从表6-4中可以看出，山东绝大部分的农村劳动力都选择了省内就业，就地就近就业已成为主要方式特征，可以说这在某种程度上降低了迁移成本的同时也提高了收入。

（二）农村劳动力就业结构

在经济发展过程中，农村人口和劳动力逐步向城镇转移、农业就业人数逐步下降也是世界范围内的普遍现象（陆百甫，1981）。从图6-9和图6-10来看，"入世"以来河南、山东两省都显著加快了劳动力优化配置的进程，更大比例的劳动力流向了边际生产率高的非农业部门，其效应同时体现在要素收益的提高和经济增长上。具体来看，2017年河南、山东的农业就业劳动力占总体就业劳动力的比重分别为36.86%和28.30%，与2000年的数据相比，已分别下降了27.10个百分点和24.77个百分点。

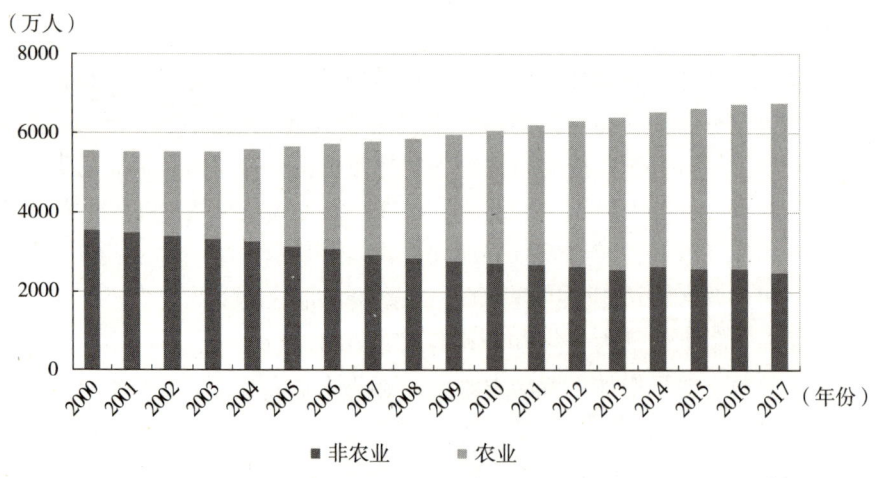

图6-9　河南劳动力利用结构变化情况

资料来源：《河南统计年鉴》。

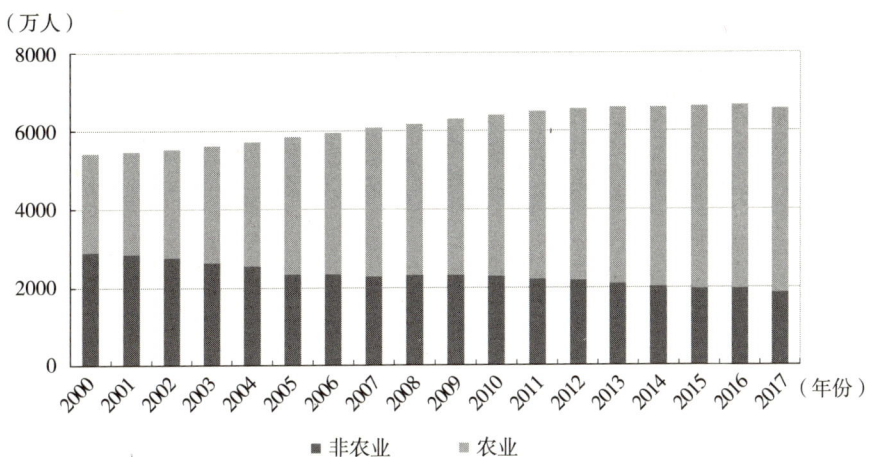

图 6-10 山东劳动力利用结构变化情况

资料来源:《山东统计年鉴》。

农业劳动力利用变化是多种因素综合作用的结果,与"入世"存在直接或间接的联系,主要作用机制有:第一,扩大农业市场准入后,进口产品会替代部分本国产品,从而减少对本国产品的需求,也相应地减少所需的劳动投入;第二,"入世"后我国出口劳动密集型农产品的机会也得到改善,这会增加农业劳动投入;第三,"入世"会带动经济增长和居民收入提高,从而增加对农产品的需求,进而拉动农业就业;第四,"入世"会带来农业生产技术体系和经营模式变化,通常表现为集约化、规模化和供应链整合,这可能在减少农业就业的同时增加非农业就业;第五,"入世"后不同地区按照各自的比较优势调整农业生产结构,这会改变农业生产的地理布局,其中地区间劳动力机会成本差异是一个重要的驱动因素,这也会改变农业劳动力就业的数量。

为了揭示上述变化,本书利用全国农产品生产成本收益调查资料和河南、山东两省的主要农产品生产统计数据对农业劳动力使用结构变化进行分解,以得出各部分变化对农业劳动投入产生的影响。在本书研究中,作为比较的基期为 2000~2001 年,报告期为 2016~2017 年,采用两年平均值做计算以减少偶然波动的影响。

对农业劳动投入的数量变化采用以下公式做分解:

$$TL_1 - TL_0 = \sum_i^n Y_{i1} \sum_j^m s_{ij1} L_{ij1} - \sum_i^n Y_{i0} \sum_j^m s_{ij0} L_{ij0}$$

$$= \sum_i^n Y_{i1} \sum_j^m s_{ij1} L_{ij1} - \sum_i^n (Y_{i1} - Y_{i1} + Y_{i0}) \sum_j^m s_{ij0} L_{ij0}$$

$$= \sum_i^n (Y_{i1} - Y_{i0}) \sum_j^m s_{ij0} L_{ij0} + \sum_i^n Y_{i1} \sum_j^m (s_{ij1} L_{ij1} - s_{ij0} L_{ij0})$$

$$= \sum_i^n (Y_{it} - Y_{i0}) \sum_j^m s_{ij0} L_{ij0} + \sum_i^n Y_{it} \sum_j^m (s_{ij1}(L_{ijt} - L_{ij0} + L_{ij0}) - s_{ij0} L_{ij0})$$

$$= \sum_i^n z_i Y_{i0} \sum_j^m s_{ij0} L_{ij0} + \sum_i^n Y_{i1} \sum_j^m (s_{ij1}(L_{ij1} - L_{ij0} + L_{ij0}) - s_{ij0} L_{ij0})$$

$$= \sum_i^n (z_i - z + z) Y_{i0} \sum_j^m s_{ij0} L_{ij0} + \sum_i^n Y_{i1} \sum_j^m s_{ij1}(L_{ij1} - L_{ij0}) + \sum_i^n Y_{i1} \sum_j^m L_{ij0}(s_{ij1} - s_{ij0})$$

$$= \sum_i^n z Y_{io} \sum_j^m s_{ij0} L_{ij0} + \sum_i^n (z_i - z) Y_{io} \sum_j^m s_{ij0} L_{ij0} + \sum_i^n Y_{i1} \sum_j^m s_{ij1}(L_{ij1} - L_{ij0})$$

$$+ \sum_i^n Y_{i0} \sum_j^m L_{ij0}(s_{ij1} - s_{ij0}) + \sum_i^n (Y_{i1} - Y_{i0}) \sum_j^m L_{ij0}(s_{ij1} - s_{ij0}) \quad (6-3)$$

其中，TL 为农业生产总劳动投入，Y 为种植面积（或牲畜出栏头数），L 为单位面积（头数）劳动投入量、s 为各地区在全国总产出中占的份额，z 为报告期相对于基期的发展速度，下标 i 表示商品，下标 j 表示地区，下标 0 和 1 分别表示基期和报告期。

式（6-3）中最后一个等式的右边共包括了五项，它们分别反映：①在技术和生产布局都保持基期水平的条件下，全国产出变化对劳动投入的影响，称为生产规模扩大效应；②在技术和生产布局都保持基期水平的条件下，产品结构调整对劳动投入的影响，称为生产结构调整效应；③在产出和生产布局都保持报告期水平的条件下，劳动生产率提高对劳动投入的影响，称为劳动生产率提高效应；④在产出和技术都保持基期水平的条件下，生产布局调整对劳动投入的影响，称为生产布局调整效应；⑤在技术保持基期水平的条件下，产出变化和生产布局变化对劳动投入的交互影响，称为剩余项。

本书在计算过程中，对于河南、山东两省有生产但没有成本调查数据的情况，采取用相邻省份数据加权平均值替代的处理方式①；对于缺乏成本调查资料的品种（如花卉）选择具有较好代表性的相似产品（如蔬菜）数据来替代；对于成本调查为分品种资料而统计年鉴只有类统计数据的情况（如蔬菜），用所有品种的平均值来替代。

根据计算结果，河南、山东农业劳动投入基期分别为 45 亿工日和 42 亿工日，报告期分别为 33 亿工日和 37 亿工日，分别下降 27.7% 和 13.0%。两省分

---

① 本书中包括的农产品分类为小麦、水稻、玉米、高粱、谷子、豆类、薯类、油料、棉花、麻类、甘蔗、甜菜、烟叶、蔬菜、瓜果类、水果、药材、其他作物、茶叶、蚕茧、生猪、牛、羊、禽、禽蛋、奶和水产养殖。

项的影响效应如图 6-11 所示，总体来看，两省在"入世"以来农业劳动投入变化上基本保持了一致。从生产规模的角度来看，两省生产规模都扩大较快，对农业劳动就业产生了较大的积极效应，即需求增加有助于拉动农业就业；生产结构调整也具有积极效应，这意味着，在两省既定的资源禀赋下，从土地密集型产品生产向劳动密集型产品生产转变并不能有效地创造出农业劳动就业机会；从劳动生产率变化的角度来看，两省的劳动生产率都得到了显著提高，明显减少了对农业劳动的需要，但这一变化并非是完全消极的，因为劳动生产率提高对应于劳动收入提高，这是维持和发展农业生产的必要前提；从实践来看，农业劳动生产率提高释放出农业劳动的过程主要是由市场机制驱动的，属于农民自主的选择，因而从经济学角度说反映的是资源配置优化；从生产布局调整的角度来看，河南和山东两省有所差异，河南的生产布局调整很小，增加了农业劳动的需要，相较而言，山东的生产布局调整较大，减少了农业劳动投入，可能的原因是生产布局呈现由经营相对集约的沿海地区向经营相对粗放的内陆省份迁移的趋势。

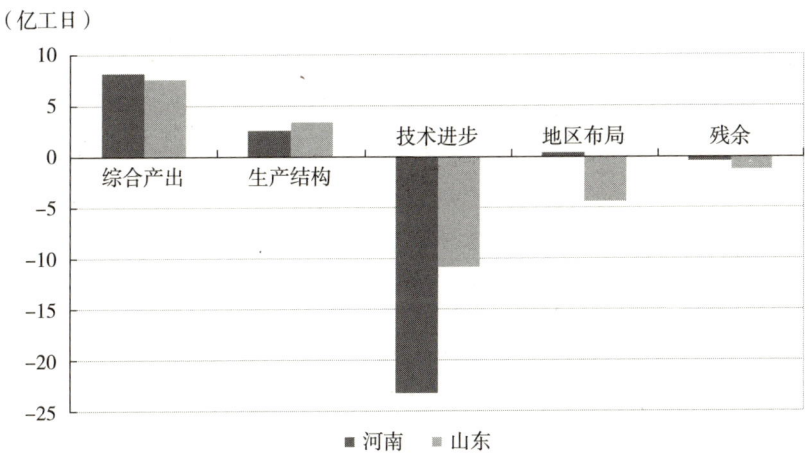

图 6-11　"入世"以来河南和山东农业劳动投入变化的效应分解

资料来源：笔者根据国家发展和改革委员会价格司（编）《全国农产品成本收益资料汇编》计算所得。

分产品看，在生产规模扩大上，河南的小麦、玉米、棉花、蔬菜、水果、生猪、羊等产品，山东的小麦、玉米、棉花、蔬菜、水果、生猪、羊等产品，都对农业劳动就业产生了积极效应，即增加了劳动就业机会；在生产结构调整上，河南的玉米、棉花、水果等产品，山东的玉米、棉花、蔬菜、水果等产品，生产结构调整较大,对劳动就业也具有积极作用;在劳动生产率变化上,河南的小麦、玉米、蔬菜、生猪、羊等产品,山东的小麦、玉米、棉花、蔬菜、水果、生猪等产品,劳动生产率提高很快,劳动力投入下降明显;在生产布局变化上,河南的小麦、蔬菜等产品劳动投入增加,棉花、羊等产品劳动投入减少,而山东的玉米、蔬菜、水果、羊等产品均因生产布局调整减少了劳动投入(见图6-12和图6-13)。

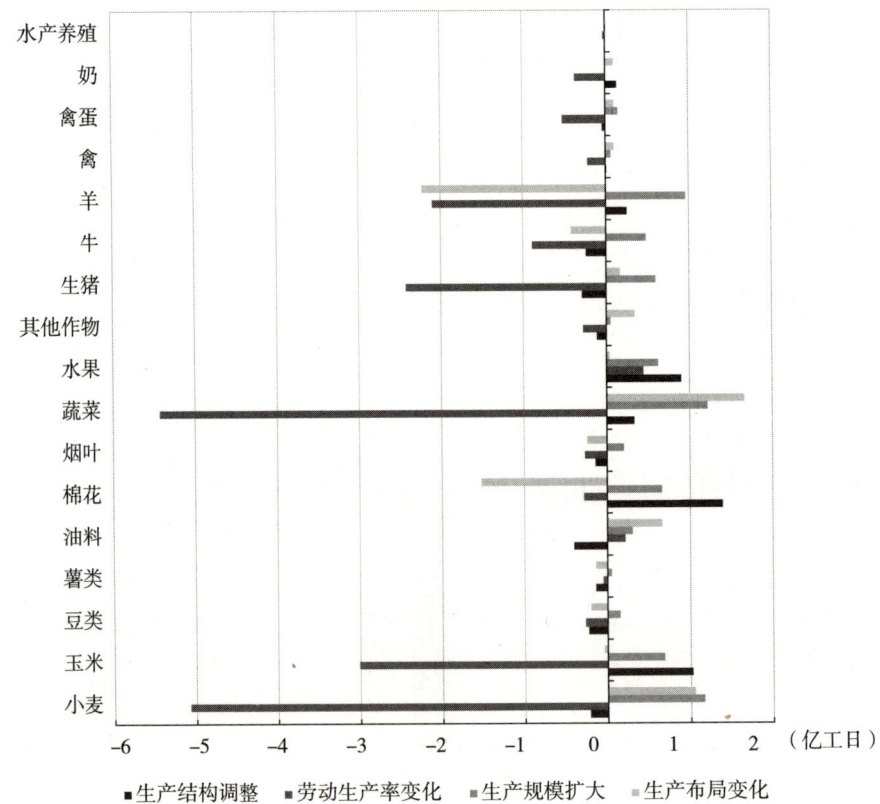

图6-12 "入世"以来河南农业劳动投入变化分产品的效应分解

资料来源:笔者根据国家发展和改革委员会价格司(编)《全国农产品成本收益资料汇编》计算所得。

四、农民收入水平及差距

前面章节探讨了"入世"对河南、山东两省农民收入的影响,结果表明贸易开放并未使两省之间的农民收入差距拉大。本节主要分析扩大贸易开放对两省

第六章 扩大贸易开放背景下国家层次效应向国内区域的传导机制

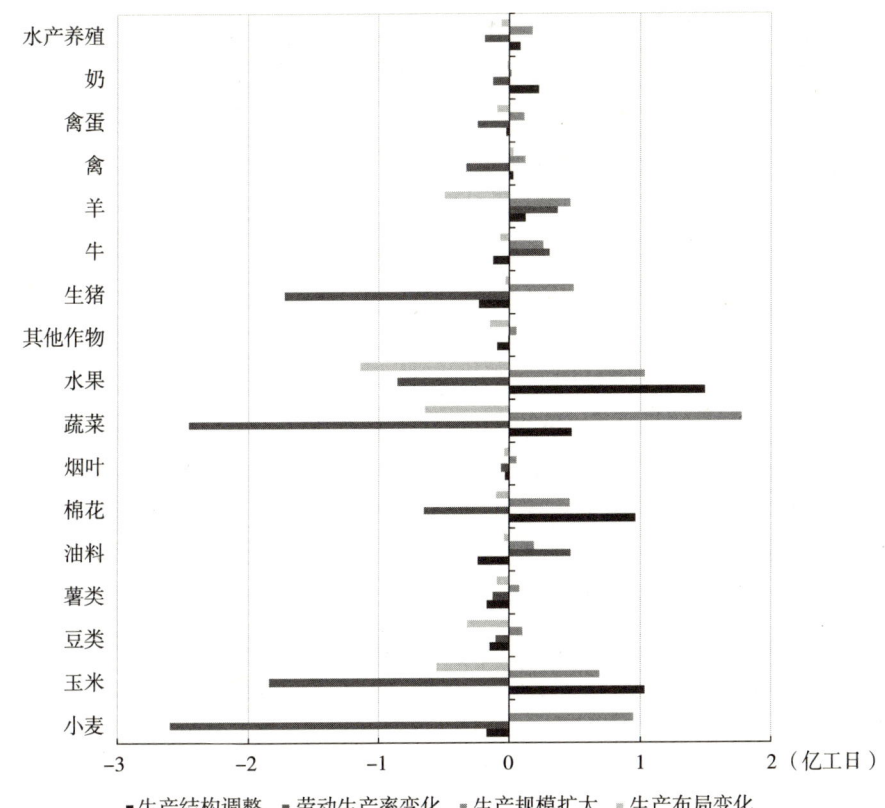

图 6-13 "入世"以来山东农业劳动投入变化分产品的效应分解

资料来源：笔者根据国家发展和改革委员会价格司（编）《全国农产品成本收益资料汇编》计算所得。

农民收入结构、内部收入差距等方面的影响。从理论上看，斯托尔珀—萨缪尔森（S-S）定理指出，当一国开放其贸易后，出口商品的数量会增加，并且相对价格也会上升，那么该国富裕要素的回报率和收益率将趋于上升，将使富裕要素所有者的实际收入增加，而国外进口的增加以及要素的流入又会使稀缺要素所有者的实际收入下降。

扩大贸易开放后，按照比较优势国内资源配置会更加优化，但对不同地区的农民以及从事不同农产品品种生产的农民的影响是有差异的。对于沿海经济开放程度较高的地区而言，开放贸易后，更有条件利用国内外两种资源和两个市场优化本地区的农业发展模式，扩大高价值农产品生产和出口，提高农业资源的回报

103

率和增加就业机会，从而有利于快速提高农民的收入水平。对于内陆地区来讲，受各种主客观因素的影响，农业生产仍以生产大宗农作物和面对国内消费市场为主，扩大贸易开放后随着进口产品替代本国产品，可能会造成农业劳动生产率下降，进而影响到务农劳动力的收入。

从收入水平变化来看，有关统计数据表明，河南、山东两省农村居民收入在"入世"前的十年（1992~2001年），年均分别增长了7.95%和7.71%，而"入世"后的十年（2002~2011年），年均分别增长了9.15%和8.50%①。由此可以看出扩大贸易开放后，两省农村居民人均纯收入年均增长幅度比"入世"前都有了显著提高，农民收入增长进入了"黄金时代"（见图6-14、图6-15）。

从收入结构变化来看（见图6-14、图6-15），河南、山东两省农村居民纯收入中工资性收入和家庭经营农业收入占据了重要地位，工资性收入比重不断上升，家庭经营农业收入比重逐步下降。具体来看，2000年与2017年相比，河南农民工资性收入比重从23.85%上升到37.50%，山东农民工资性收入比重从31.99%上升到40.14%；河南农民家庭经营农业收入比重从58.01%下降到26.11%，山东农民家庭经营农业收入比重从48.67%下降到26.42%。无疑两省农民纯收入中非农业收入已成为农村居民家庭的主要收入来源，尤其是随着国内市场的进一步开放，劳动力流动将更加自由，这必然会使农民就业机会更多，工资性收入所占比重也会上升得更快，因而非农业收入的比重仍在不断提高。

从收入差距来看，利用世界银行的POVCAL软件②，并结合农业农村部公开出版的《中国农业统计资料》中发布的分收入组农户比例数据③，可以计算出河南、山东两省的农村收入基尼系数（见表6-5）。计算结果表明："入世"前的1999年，河南、山东两省的农村收入基尼系数均小于0.2，而到了"入世"后的2008年，两省的农村居民收入基尼系数已分别达到0.24和0.20。这说明扩大贸易开放后，两省的农村居民收入基尼系数都呈现增大态势，即分配不均等程度加剧，但按照习惯标准，两省的农村收入分配基本上还是处于相对均等的状态。不过从前面分析两省之间农民人均纯收入水平来看，却并没有呈现出两省之间收入拉大的趋势。

---

① 此处农村居民收入水平都是剔除价格因素后的实际增长率。

② 世界银行的POVCAL软件专门用于计算基尼系数和贫困发生率，该软件首先利用样本数据拟合洛伦兹曲线，然后计算得出样本的基尼系数，并按照提供的贫困线计算出贫困发生率、贫困深度指数、贫困强度指数等衍生指标。

③ 利用POVCAL软件计算基尼系数和贫困发生率可以使用多种形式的居民收入数据，包括分收入组的家庭或个人占总体比例数据。在我国，由于属于这种性质的公开统计数据来源非常有限，所以本书使用了农业农村部公开出版的《中国农业统计资料》中发布的各省分收入组农户比例数据，但该项资料仅包括1999~2008年的情况。

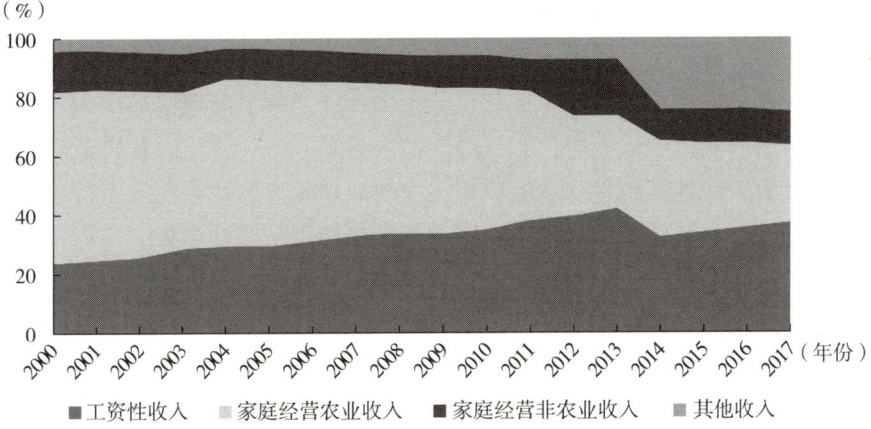

图 6-14　河南农村居民人均纯收入来源结构变化情况①

资料来源：《河南统计年鉴》，经笔者整理所得。

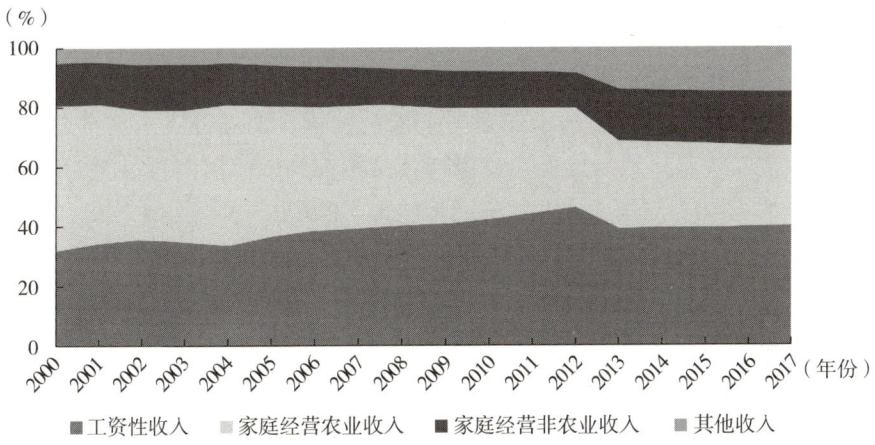

图 6-15　山东农村居民人均纯收入来源结构变化情况

资料来源：《山东统计年鉴》，经笔者整理所得。

表 6-5　河南和山东农村居民收入基尼系数变化情况

年份	1999	2000	2001	2002	2003	2004	2005	2006	2007	2008
河南	0.14	0.16	0.18	0.18	0.21	0.20	0.20	0.21	0.22	0.24
山东	0.15	0.15	0.15	0.16	0.17	0.19	0.21	0.23	0.22	0.20

资料来源：笔者根据农业农村部《中国农业统计资料》中发布的数据计算得出。

---

① 此图中把农村居民纯收入中家庭经营收入分解为农业收入（第一产业）和非农业收入（第二和第三产业），其他收入包括财产性收入和转移性收入两部分，下图亦同。

在分析扩大贸易开放前后河南、山东两省农民收入水平和差距时本书发现，贸易的进一步开放一方面促进了农民收入的增长速度，尤其第一产业收入之外的收入明显加快，但另一方面并未像理论分析的那样，使沿海地区的山东和处于内陆地区的河南的农民收入差距拉大。可能的解释是："入世"后农村劳动力加快向城镇和沿海发达地区转移、农业收入占农村居民收入的比重明显下降，农产品价格不断提高，财政转移支付开始向中西部地区倾斜，这些都在一定程度上缩小了地区农村居民之间的收入差距。

五、农产品贸易发展

降低关税，取消出口补贴等措施，以及农业贸易开放程度显著加深，都深刻影响我国农产品贸易发展。一方面，我国劳动资源丰富，而土地资源相对稀缺，扩大贸易开放后，按照比较优势理论，我国将同时增加劳动密集型农产品的出口和土地密集型农产品的进口；另一方面，由于我国不同地区的农业资源禀赋不同，农业生产结构不同，因而农业贸易结构也会不同。

从河南、山东两省农产品进出口贸易规模来看①，2000年以来两者农产品进出口贸易规模发展迅速，但由于受到国家宏观政策、地理位置条件等差异性影响，山东农产品进出口贸易规模一直保持在全国前列，而河南贸易量总体很低，还不到山东的1/10，与河南农业大省的地位很不匹配。

图6-16和图6-17反映了河南、山东两省农产品出口贸易的主要品种，从图6-16和图6-17可以看出，河南、山东出口的主要农产品基本上还都是传统产品，主要包括蔬菜、畜产品、鲜干水果、坚果及果汁、油籽、粮食及粮食制品等，占两省当年农产品总出口额的80%以上。"入世"后，两省按照比较优势，对相应的农业产业结构进行了不断调整，并逐步形成了各自的支柱出口产业。其中，作为粮食产量大省、人口大省的河南，依托其丰富的优势农业资源条件，一方面，大力发展粮食加工产业，粮食及粮食制品出口额在其农产品出口贸易总额中所占的比重为25%左右②；另一方面，蔬菜种植面积迅速提高，蔬菜出口已成为河南农产品出口中比重最大的一部分，畜产品、油籽等不具竞争优势的农产品，贸易重要性却明显下降。然而拥有3000多千米海岸线的海洋大省山东，依

---

① 本书中由于涉及两省农产品出口构成中具体品种问题，受到海关数据可获得性的限制，在此只能分析2000~2011年两省出口品种的构成变化情况。

② 河南粮食加工能力位列全国第一，是全国最大的速冻食品加工基地、方便面生产基地、饼干生产基地和调味品生产加工基地。2009年，河南粮食加工转化能力2700万吨，占全国粮食加工转化能力的63%（资料来源：农业部农村经济研究中心：《河南粮食生产发展调研报告》，2011年3月31日）。

靠临海的地理位置，水产业比较发达，海洋水产品的出口额在其农产品出口贸易总额中所占的比重一直在20%以上，同时蔬菜、粮食加工、水果等具有比较优势的农产品贸易也得到了不同程度的发展，畜牧业、油籽由于受到国外市场冲击，因此其在农产品出口贸易中所占的比重大大降低。

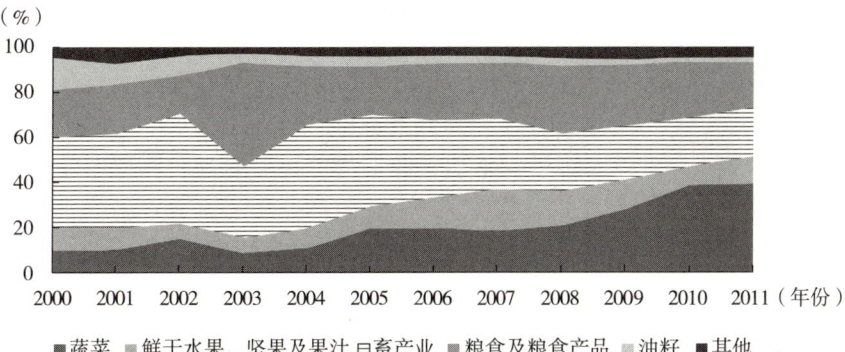

图 6-16　河南主要农产品品种出口额构成变化情况

资料来源：中国海关，经笔者整理所得。

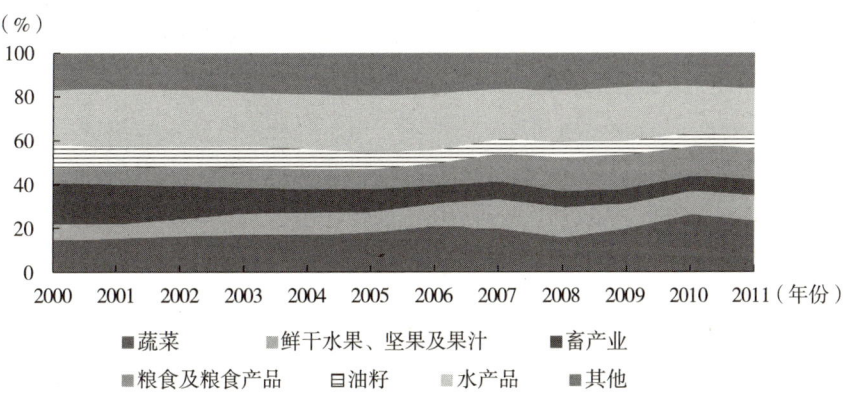

图 6-17　山东主要农产品品种出口额构成变化情况

资料来源：中国海关，经笔者整理所得。

六、重要农产品的价格传递

"入世"后我国严格遵守了世贸组织的有关协定，履行了我国"入世"时在开放农产品市场方面做出的广泛承诺，包括大幅度削减关税、对部分重要农产品进口实行关税配额制度管理、立即停止使用出口补贴、限制农业国内支持支出、规范动植物检疫措施和食品安全技术标准等。这些承诺的履行使我国的农产品市场开放程度远高于大多数发展中国家,在某些方面甚至高于主要发达国家,我国的农业贸易自由化程度进一步加深。尤其是近些年来,随着我国农产品进出口贸易量日益增加,国内外农产品市场的联系也更加紧密,国际农业市场一体化趋势越来越明显,国内外农产品市场的逐步融合也使得国际农产品的价格波动更加顺畅地通过期货、汇率、外贸等传导到中国市场。那么,国内外农产品市场之间是否存在短期波动或长期均衡关系?国际农产品价格在向国内不同开放度省份的市场传导过程中,是否存在时滞差异?不同开放度省份之间的农产品价格是否存在长期稳定的关系,它们之间是否又存在价格传导,传导的方向和程度如何?本书选取小麦、玉米、大豆、花生和棉花五种重要农产品作为研究对象,通过对不同农产品市场整合的分析,讨论不同市场间价格的传导关系。

(一) 国内外价格比较

本书选取了 2006 年 10 月至 2012 年 6 月河南、山东两省和美国的小麦、玉米、大豆、花生、棉花五种重要农产品的月度价格数据检验价格联系①。河南、山东两省五种农产品价格数据来源于农业农村部市场与经济信息司监测的批发市场价格数据,美国五种农产品价格数据来自世界银行。图 6-18 至图 6-22 分别反映了 2006 年 10 月至 2012 年 6 月河南、山东两省和美国的小麦、玉米、大豆、花生、棉花五种重要农产品的价格走势情况②。从价格变动趋势来看,在小麦、玉米的价格市场上,受国家对粮食价格的干预和控制,河南、山东两省的价格波动幅度很小,只是呈现稳步上涨的趋势,而美国小麦、玉米的价格波动幅度很大,河南、山东两省和美国的价格关系走势不明显;在大豆、花生和棉花市场上,河南、山东两省和美国农产品价格水平尽管有所差异,但价格波动趋势基本保持了一致。

(二) 相关性分析

相关性分析是研究变量之间联系密切程度的一种简单统计分析方法。相关性分析同样假定两个变量均是随机变量,通过计算变量之间的相关系数来说明变量之间的紧密程度。从河南、山东两省和美国的五种重要农产品价格的相关性分析来看 (见表 6-6),河南、山东两省相关性很高,都达到 0.9 以上;小麦市场上河南、山东两省和美国的相关性都很低,而棉花市场相关程度则最高。

---

① 基于数据的可得性,本书选取了这一段数据资料来作相应分析,一方面主要是两省五种农产品价格数据来源于农业农村部市场司市场监测数据,2013 年后不再对外公布了;另一方面,实际上这一段也正好是国际市场价格波动大的阶段,这对于做统计检验也是有利的。

② 两省农产品价格单位均用中国人民银行公布的月度平均汇率进行了相应换算。

第六章 扩大贸易开放背景下国家层次效应向国内区域的传导机制

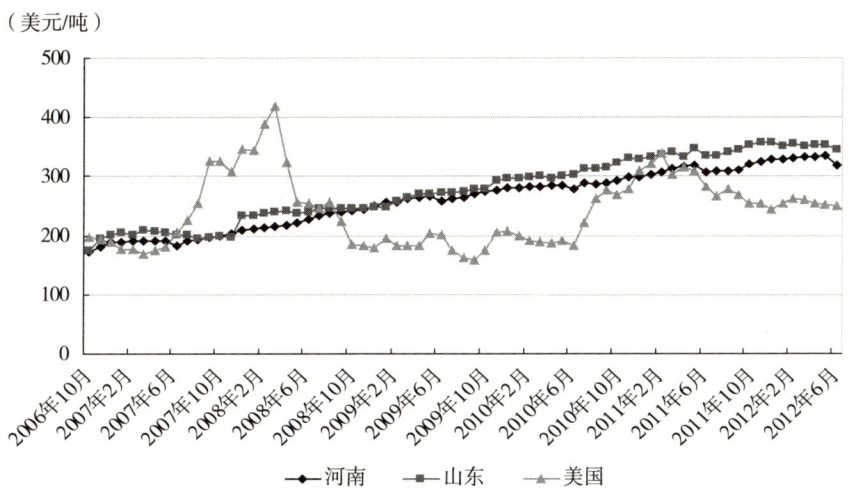

图 6-18 河南、山东和美国小麦月度平均价格

资料来源：农业农村部和世界银行数据库。

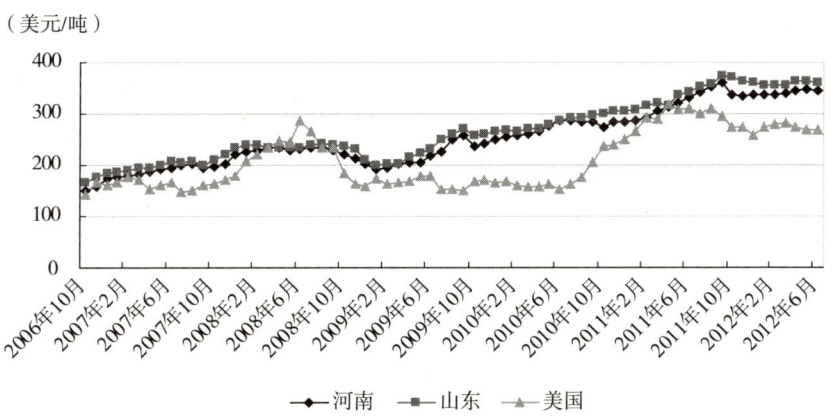

图 6-19 河南、山东和美国玉米月度平均价格

资料来源：农业农村部和世界银行数据库。

109

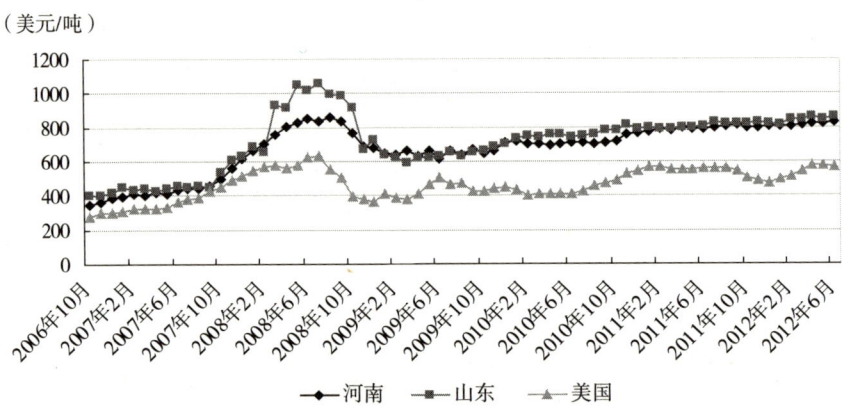

图 6-20 河南、山东和美国大豆月度平均价格

资料来源：农业农村部和世界银行数据库。

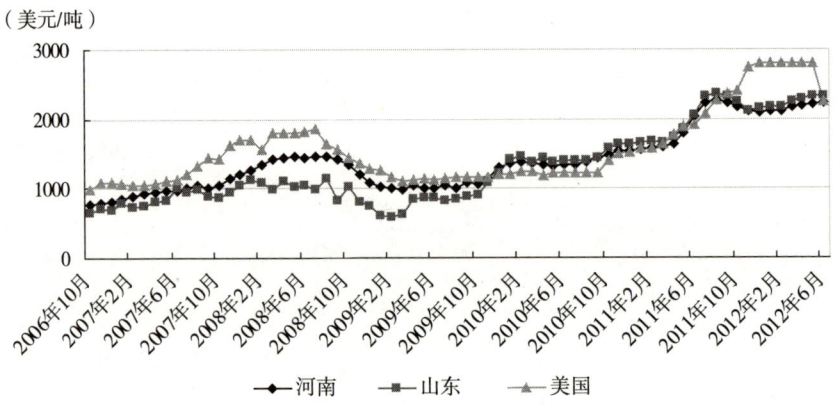

图 6-21 河南、山东和美国花生月度平均价格

资料来源：农业农村部和世界银行数据库。

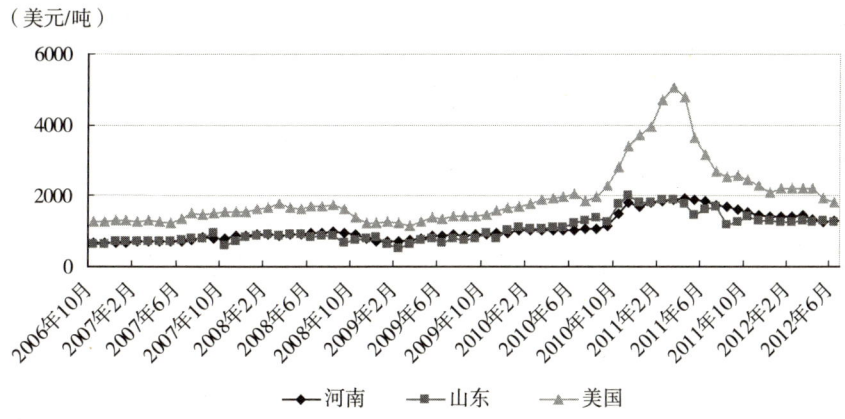

图 6-22 河南、山东和美国棉花月度平均价格

资料来源：农业农村部和世界银行数据库。

表 6-6 相关性分析结果

品种		河南	山东	美国
小麦	河南	—	0.9729	0.0865
	山东	0.9729	—	0.1866
	美国	0.0865	0.1866	—
玉米	河南	—	0.9890	0.7427
	山东	0.9890	—	0.7384
	美国	0.7427	0.7384	—
大豆	河南	—	0.9324	0.8348
	山东	0.9324	—	0.7704
	美国	0.8348	0.7704	—
花生	河南	—	0.9410	0.9061
	山东	0.9410	—	0.8007
	美国	0.9061	0.8007	—
棉花	河南	—	0.9099	0.9343
	山东	0.9099	—	0.9005
	美国	0.9343	0.9005	—

(三) 国内外及区域间的价格整合

通过前面的国内外价格比较和相关性分析只能大致了解河南、山东两省和美

国的小麦、玉米、大豆、花生、棉花价格的波动趋势和市场之间的联系程度情况,并不能具体判别不同地区五种重要农产品价格的波动途径和传导轨迹,下面利用协整分析方法来探讨国内外及区域间的价格整合情况。

1. 模型和方法选择

Johansen 模型、误差修正模型和格兰杰（Grange）因果检验是研究市场整合的重要方法,Johansen 模型可以用来识别市场之间是否存在长期协整关系,误差修正模型可以用来对市场之间受到冲击后动态的调整过程及市场之间的作用机制进行分析,格兰杰因果检验可以用来识别两个市场的传导方向。近些年来,很多学者利用这些理论和模型对主要农产品的市场整合程度进行了相应研究。

2. 研究数据

在分析时间序列的价格波动变化时,为了避免丢失重要信息,应选取尽可能短的时间间隔,本书选取了 2006 年 10 月至 2012 年 6 月共 69 个月度观测值数,尽管样本涵盖的时期有些短,对统计检验的可靠性会有影响,但考虑到这一时期国际农产品价格波动大,总体来说,还是比较适合用于识别国内外价格的传导。其中,WHN：河南小麦价格；WSD：山东小麦价格；WUS：美国小麦价格；MHN：河南玉米价格；MSD：山东玉米价格；MUS：美国玉米价格；SHN：河南大豆价格；SSD：山东大豆价格；SUS：美国大豆价格；GHN：河南花生价格；GSD：山东花生价格；GUS：美国花生价格；CHN：河南棉花价格；CSD：山东棉花价格；CUS：美国棉花价格。为消除异方差和数据剧烈波动对模型产生的影响,书中对所有价格数据变量均进行了对数化处理。同时,为了控制国内外价格联系受汇率、海运运费等因素影响,书中在做相关统计检验时将这些因素作为外生变量引入其中①。

3. 平稳性检验

本书采用 ADF 单位根检验法分别对河南、山东、美国的小麦、玉米、大豆、花生、棉花价格进行平稳性检验。ADF 检验有三种形式,即有截距项、有截距项并且有时间趋势项、没有截距项和时间趋势项。由于这五种农产品价格序列都有明显的上升趋势,应采用有截距项并且有时间趋势项的检验方程。对最佳滞后期的选择,本书采用了 AIC 和 SC 准则确定。表 6-7 分别报告了河南、山东和美国五种农产品价格的 ADF 检验结果,结果表明原变量价格序列不能拒绝存在单位根的虚假设,但对各个变量进行一阶差分后可以拒绝虚假设。由于各原变量均是

---

① 我国从 2005 年 5 月开始对关税配额外棉花进口配额征收滑准税,税率滑动的范围为 5%~40%,征收的目的是在大量棉花进口的情况下,减少进口棉花对国内棉花市场的冲击,确保棉农收益。但本书在构造相应模型时,并未把此因素考虑进去。

一阶单整的,即均为 I (1) 序列,因而满足协整检验的前提条件,可以用 Johansen 模型分别检验这些序列之间是否存在协整关系。

表 6-7 单位根 (ADF) 检验结果

品种	地区	原变量的平稳性检验				一阶差分后的平稳性检验		
		检验形式 (C, T, K)	ADF 统计量	10% 临界值	结论	检验形式 (C, T, K)	ADF 统计量	结论
小麦	河南	C, T, 0	-1.3733	-3.1662	非平稳	C, N, 0	-7.2062***	平稳
	山东	C, T, 0	-2.8954	-3.1662	非平稳	C, N, 1	-10.0617***	平稳
	美国	C, T, 1	-2.3036	-3.1668	非平稳	C, N, 0	-5.7317***	平稳
玉米	河南	C, T, 1	-2.5507	-3.1668	非平稳	C, N, 0	-6.0098***	平稳
	山东	C, T, 1	-2.3396	-3.1668	非平稳	C, N, 0	-5.8501***	平稳
	美国	C, T, 1	-1.8625	-3.1668	非平稳	C, N, 0	-6.9116***	平稳
大豆	河南	C, T, 5	-2.6693	-3.1694	非平稳	C, N, 1	-3.1292**	平稳
	山东	C, T, 5	-2.8996	-3.1694	非平稳	C, N, 1	-3.9151***	平稳
	美国	C, T, 1	-2.4809	-3.1668	非平稳	C, N, 0	-5.6662***	平稳
花生	河南	C, T, 1	-2.1240	-3.1668	非平稳	C, N, 0	-4.3844***	平稳
	山东	C, T, 0	-1.8992	-3.1662	非平稳	C, N, 1	-4.4449***	平稳
	美国	C, T, 4	-2.2912	-3.1687	非平稳	C, N, 0	-5.3032***	平稳
棉花	河南	C, T, 1	-1.9828	-3.1668	非平稳	C, N, 0	-5.5655***	平稳
	山东	C, T, 0	-2.4836	-3.1662	非平稳	C, N, 1	-8.0920***	平稳
	美国	C, T, 1	-2.0351	-3.1668	非平稳	C, N, 0	-4.2638***	平稳

注:①检验形式中的 C,T,K 分别表示单位根检验方程中是否包含常数项、时间趋势和滞后期数,N 是指不包含常数项或时间趋势;② ***、**、* 分别表示在 1%、5%、10% 的水平上显著。

4. 协整检验

协整理论是研究非平稳时间序列变量的一个强有力的理论工具,它使我们刻画非平稳时间序列变量之间的平稳关系成为可能。协整检验有两种基本方法:一是基于回归残差的 Engle-Granger 两步检验法,其只能在大样本条件下检验两变量之间协整关系的存在性;二是基于 VAR 模型采用极大似然估计法检验多变量之间协整关系存在性的 Johansen 协整检验法 (JJ 检验法)(Johansen and Juselius, 1990)。本书采用 Johansen-Juselius (JJ) 协整检验法对河南、山东和美国五种农产品价格每组序列两两之间的长期关系进行检验。它的基本思想是:如果非平稳时间序列经过一阶差分处理后变为平稳序列,则称其为一阶单整。如果 (n×1) 时

间序列向量 y_t 的每一个分向量都是一阶单整的,且存在一个非零向量 A,使 Ay_t 的一个线性组合平稳,那么($n\times1$)时间序列向量就是协整的。若五种农产品市场价格数据序列均为一阶单整,则可以进行 Johansen 协整检验。设定一个 K 阶向量自回归(VAR)模型:

$$\Delta y_t = D + \Pi y_{t-1} + \sum_{i=1}^{k-1} \Gamma_i \Delta y_{t-i} + \varepsilon_t \quad (6-4)$$

在上面的模型方程(6-4)中,$y_t=(y_{1t}, y_{2t}, \cdots, y_{nt})$ 是待检验协整的($n\times1$)向量;$\Delta y_t = y_t - y_{t-1}$;D 是确定项,根据待检验数据性质而采取不同形式,如零向量或非零向量;Π 和 Γ 是系数矩阵;K 的选择应保证 ε_t 是均值为 0、有限协方差矩阵的多元正态白噪声过程。

该处选择五种农产品的市场价格数据,分别对每种农产品在河南、山东和美国市场的价格序列、n=2 和零假设 R=0 进行检验。若 R=0 不能被拒绝,则认为不存在协整向量,即无协整关系;若 R=0 被拒绝,则认为存在协整关系。由于 Johansen 协整检验法对于滞后阶数的选取十分敏感,所以在进行协整检验之前应该合理确定协整检验的最优滞后阶数,而 Johansen 检验的最优滞后阶数比无约束 VAR 模型的最优滞后阶数少 1,所以有必要依据选取尽可能大的滞后期的原则先弄清无约束 VAR 模型的最优滞后阶数。模型的滞后期根据 LR、FPE、AIC、SC 和 HQ 五个评价指标准则来综合判断。另外,在分析国内外区域之间价格协整关系时,为了减少汇率对国内外区域农产品价格关系的影响,本书把中国人民银行公布的相应月度平均汇率作为外生变量引入到模型中。同时,考虑到国际运输成本对农产品价格的影响,书中也把国际能源价格作为外生变量引入到模型之中。表 6-8 反映了不同农产品各个地区市场之间的协整关系。

表 6-8　Johansen 统计量检验结果

零假设(H_0)	迹统计量	5%临界值	最大特征根统计量	5%临界值	是否存在协整
LN(WHN)和 LN(WSD)　R=0	18.4191	15.4947	15.5403	14.2646	存在
LN(WHN)和 LN(WUS)　R=0	7.4318	15.4947	5.3242	14.2646	不存在
LN(WSD)和 LN(WUS)　R=0	6.9526	15.4947	5.7768	14.2646	不存在
LN(MHN)和 LN(MSD)　R=0	25.6456	15.4947	24.6955	14.2646	存在
LN(MHN)和 LN(MUS)　R=0	8.3977	15.4947	7.2524	14.2646	不存在
LN(MSD)和 LN(MUS)　R=0	8.3911	15.4947	7.1477	14.2646	不存在

续表

零假设 (H_0)	迹统计量	5%临界值	最大特征根统计量	5%临界值	是否存在协整
LN (SHN) 和 LN (SSD)	R=0	43.9324	15.4947	31.6837	14.2646	存在
LN (SHN) 和 LN (SUS)	R=0	24.4085	15.4947	15.8657	14.2646	存在
LN (SSD) 和 LN (SUS)	R=0	21.4860	15.4947	14.4137	14.2646	存在
LN (GHN) 和 LN (GSD)	R=0	18.6862	15.4947	17.4410	14.2646	存在
LN (GHN) 和 LN (GUS)	R=0	18.2145	15.4947	17.8719	14.2646	存在
LN (GSD) 和 LN (GUS)	R=0	16.9656	15.4947	16.2304	14.2646	存在
LN (CHN) 和 LN (CSD)	R=0	24.4116	15.4947	23.0289	14.2646	存在
LN (CHN) 和 LN (CUS)	R=0	17.6172	15.4947	14.4226	14.2646	存在
LN (CSD) 和 LN (CUS)	R=0	28.4325	15.4947	25.7575	14.2646	存在

第一，从小麦市场价格的协整检验结果看，在5%的显著水平上，通过迹统计量和最大特征根统计量判断，河南和山东小麦市场之间拒绝零假设（R=0），说明存在协整关系；而河南和美国、山东和美国小麦市场之间则都接受零假设（R=0），说明都不存在协整关系。

第二，从玉米市场价格的协整检验结果看，在5%的显著水平上，通过迹统计量和最大特征根统计量判断，河南和山东玉米市场之间拒绝零假设（R=0），说明存在协整关系；而河南和美国、山东和美国玉米市场之间则都接受零假设（R=0），说明都不存在协整关系。

第三，从大豆市场价格的协整检验结果看，在5%的显著水平上，通过迹统计量和最大特征根统计量判断，河南和山东、河南和美国、山东和美国大豆市场之间都拒绝零假设（R=0），说明都存在协整关系。

第四，从花生市场价格的协整检验结果看，在5%的显著水平上，通过迹统计量和最大特征根统计量判断，河南和山东、河南和美国、山东和美国花生市场之间都拒绝零假设（R=0），说明都存在协整关系。

第五，从棉花市场价格的协整检验结果看，在5%的显著水平上，通过迹统计量和最大特征根统计量判断，河南和山东、河南和美国、山东和美国棉花市场之间都拒绝零假设（R=0），说明都存在协整关系。

5. 误差修正模型

误差修正模型反映的是变量之间的短期动态关系，基本形式可表示为：

$$\Delta y_t = \alpha_0 + \sum_{k=1}^{m} \alpha_k \Delta x_{t-k} + \sum_{k=1}^{m} \beta_k \Delta y_{t-k} + \delta(y_{t-1} - \lambda x_{t-1}) + \mu_t \quad (6-5)$$

只有存在协整关系的序列才能建立误差修正模型,根据前面协整分析的结果,本书选择了小麦市场上河南和山东之间的价格序列,玉米、大豆、花生、棉花市场上河南、山东和美国之间的价格序列建立如方程(6-5)的误差修正模型,通过检验误差修正系数的大小来说明市场之间的短期整合关系。与前面检验变量间协整关系时一样,在建立国内外区域的误差修正模型时,本书也把汇率和国际能源价格作为外生变量引入模型中。

在小麦市场上,本书利用河南和山东的小麦价格序列建立相应的误差修正模型,经检验,得到误差修正模型的估计结果(见表6-9)。从河南和山东小麦市场价格关系看,在1%显著水平上,两者误差调整项系数显著不为0,河南和山东小麦市场均具有误差校正机制;河南小麦市场价格和山东小麦市场价格误差调整项系数分别为-0.0632和-0.3167,绝对值都小于1,即河南和山东小麦市场价格重新回到原有均衡关系的速度都较慢,山东小麦市场价格重新回到原有均衡关系的速度快于河南。

表6-9 河南和山东小麦市场价格误差修正模型的检验结果

	$\Delta LN(WHN)_t$	$\Delta LN(WSD)_t$
$\Delta LN(WHN)_t$		0.6255***
$\Delta LN(WSD)_t$	0.2671***	
ECM_{t-1}	-0.0632	-0.3167***
C	0.0040	0.0031
F	7.1599***	15.2216***

注:***、**、*分别表示在1%、5%、10%的水平上显著。

在玉米市场上,本书利用河南和山东的玉米价格序列建立相应的误差修正模型,经检验,得到误差修正模型的估计结果(见表6-10)。从河南和山东玉米市场价格关系看,在1%显著水平上,两者误差调整项系数显著不为0,河南和山东玉米市场均具有误差校正机制;河南玉米市场价格和山东玉米市场价格误差调整项系数分别为-0.6776和-0.5620,绝对值都小于1,即河南和山东玉米市场价格重新回到原有均衡关系的速度都较慢,河南玉米市场价格重新回到原有均衡关系的速度快于山东。

表 6-10 河南和山东玉米市场价格误差修正模型的检验结果

	ΔLN（MHN）$_t$	ΔLN（MSD）$_t$
ΔLN（MHN）$_t$		0.6993***
ΔLN（MSD）$_t$	0.7165***	
ΔLN（MHN）$_{t-1}$	0.3447**	-0.1541
ΔLN（MHN）$_{t-2}$	0.1187	-0.1461
ΔLN（MHN）$_{t-3}$	0.3158***	-0.1905
ΔLN（MSD）$_{t-1}$	-0.1211	0.1933
ΔLN（MSD）$_{t-2}$	-0.1635	0.2365*
ΔLN（MSD）$_{t-3}$	-0.4891***	0.2657*
ECM$_{t-1}$	-0.6776***	-0.5620***
C	0.0031	-0.0002
F	14.7741***	10.7963***

注：***、**、*分别表示在1%、5%、10%的水平上显著。

在大豆市场上，本书利用河南和山东、河南和美国、山东和美国大豆价格序列建立相应的误差修正模型，经检验，得到误差修正模型的估计结果（见表6-11）。从河南和山东大豆市场价格关系看，在5%显著水平上，山东市场误差调整项系数均显著不为0，具有误差修正机制。从河南和美国大豆市场价格关系看，在10%显著水平上，两者误差调整项系数均显著不为0，河南、美国市场均具有误差校正机制；河南大豆市场价格和美国大豆市场价格误差调整项系数分别为-0.1302和0.2037，绝对值都小于1，即河南和美国大豆市场价格重新回到原有均衡关系的速度都较慢，但美国市场价格重新回到原有均衡关系的速度快于河南。从山东和美国大豆市场价格关系看，山东市场在5%显著水平上，误差调整项系数均显著不为0，山东市场具有误差校正机制，而美国市场的误差修正项系数不显著，美国市场没有受到长期均衡关系的影响。

表 6-11 河南和山东、河南和美国、山东和美国大豆市场价格误差修正模型的检验结果

	ΔLN（SHN）$_t$	ΔLN（SSD）$_t$		ΔLN（SHN）$_t$	ΔLN（SUS）$_t$
ΔLN（SHN）$_t$		1.0746***	ΔLN（SHN）$_t$		0.3699
ΔLN（SSD）$_t$	0.3573***		ΔLN（SUS）$_t$		
ΔLN（SHN）$_{t-1}$	-0.2625*	0.7433***	ΔLN（SHN）$_{t-1}$	-0.0714	0.5012**
ΔLN（SHN）$_{t-2}$	0.2192*		ΔLN（SHN）$_{t-2}$	0.3606***	-0.4609**

续表

	ΔLN(SHN)$_t$	ΔLN(SSD)$_t$		ΔLN(SHN)$_t$	ΔLN(SUS)$_t$
ΔLN(SSD)$_{t-1}$	0.2394***	-0.4356***	ΔLN(SUS)$_{t-1}$	0.1155	0.4558***
ΔLN(SSD)$_{t-2}$	-0.0338		ΔLN(SUS)$_{t-2}$	0.0517	0.0265
ΔLNENERGY$_{t-1}$			ΔLNENERGY$_{t-1}$	-0.0036	-0.0433
ΔLNEXCHANGE$_{t-1}$			ΔLNEXCHANGE$_{t-1}$	-1.0830	0.2486
ECM$_{t-1}$	-0.0835	-0.2565**	ECM$_{t-1}$	-0.1302**	-0.2037*
C	0.0045	-0.0055	C	-0.0003	0.0032
F	12.1121***	21.3522***	F	6.3713***	3.4547***

	ΔLN(SSD)$_t$	ΔLN(SUS)$_t$
ΔLN(SSD)$_t$		0.0960
ΔLN(SUS)$_t$	0.0375	
ΔLN(SSD)$_{t-1}$	-0.1385	0.2411**
ΔLN(SSD)$_{t-2}$	0.2155*	
ΔLN(SUS)$_{t-1}$	0.2235	0.4507***
ΔLN(SUS)$_{t-2}$	-0.1056	
ΔLNENERGY$_{t-1}$	0.1059	-0.1128
ΔLNEXCHANGE$_{t-1}$	-2.7071	0.9878
ECM$_{t-1}$	-0.1807**	-0.1010
C	-0.0041	0.0064
F	5.1672***	2.5111**

注：***、**、*分别表示在1%、5%、10%的水平上显著。

在花生市场上，本书利用河南和山东、河南和美国、山东和美国的花生价格序列建立相应的误差修正模型，经检验，得到误差修正模型的估计结果（见表6-12）。从河南和山东花生市场价格关系看，河南市场在1%显著水平上，误差调整项系数均显著不为0，河南市场具有误差校正机制，而山东市场的误差修正项系数不显著，山东市场没有受到长期均衡关系的影响。从河南和美国花生市场价格关系看，在10%显著水平上，两者误差调整项系数均显著不为0，河南、美国市场均具有误差校正机制；河南花生市场价格和美国花生市场价格误差调整项系数分别为-0.1100和-0.1508，绝对值都小于1，即河南和美国花生市场价格重新回到原有均衡关系的速度都较慢，但美国市场价格重新回到原有均衡关系的速度快于河南。从山东和美国花生市场价格关系看，美国市场在10%显著水平上，误差调整项系数均显著不为0，美国市场具有误差校正机制，而山东市场的误差修正项系数不显著,山东市场没有受到长期均衡关系的影响。

表6-12 河南和山东、河南和美国、山东和美国花生市场价格误差修正模型的检验结果

	ΔLN(GHN)$_t$	ΔLN(GSD)$_t$		ΔLN(GHN)$_t$	ΔLN(GUS)$_t$
ΔLN(GHN)$_t$		1.0940***	ΔLN(GHN)$_t$		0.1356
ΔLN(GSD)$_t$	0.1640***		ΔLN(GUS)$_t$	0.0448	
ΔLN(GHN)$_{t-1}$	0.3481***	0.6709**	ΔLN(GHN)$_{t-1}$	0.4717***	
ΔLN(GSD)$_{t-1}$	-0.0022	-0.3171**	ΔLN(GUS)$_{t-1}$	-0.0316	
ΔLNENERGY$_{t-1}$			ΔLNENERGY$_{t-1}$	0.1547***	0.1459*
ΔLNEXCHANGE$_{t-1}$			ΔLNEXCHANGE$_{t-1}$	-0.8837	-1.9025
ECM$_{t-1}$	-0.1222***	-0.1160	ECM$_{t-1}$	-0.1100*	-0.1508***
C	0.0056	-0.0022	C	0.0017	0.0014
F	14.3411***	9.6970***	F	10.1844***	4.7384***

	ΔLN(GSD)$_t$	ΔLN(GUS)$_t$
ΔLN(GSD)$_t$		-0.0648
ΔLN(GUS)$_t$	0.0297	
ΔLN(GSD)$_{t-1}$	-0.0106	
ΔLN(GSD)$_{t-2}$	0.1908	
ΔLN(GSD)$_{t-3}$	-0.2150*	
ΔLN(GUS)$_{t-1}$	0.4641*	
ΔLN(GUS)$_{t-2}$	-0.3147	
ΔLN(GUS)$_{t-3}$	-0.0040	
ΔLNENERGY$_{t-1}$	0.3483**	0.1752**
ΔLNEXCHANGE$_{t-1}$	2.4995*	-2.2795
ECM$_{t-1}$	-0.0613	-0.0903*
C	0.0165	0.0022
F	2.9594***	3.3310**

注:***、**、*分别表示在1%、5%、10%的水平上显著。

在棉花市场上,本书利用河南和山东、河南和美国、山东和美国的棉花价格序列建立相应的误差修正模型,经检验,得到误差修正模型的估计结果(见表6-13)。从河南和山东棉花市场价格关系看,在1%显著水平上,两者误差调整项系数均显著不为0,河南、山东市场均具有误差校正机制;河南棉花市场价格和山东棉花市场价格误差调整项系数分别为-0.2472和-0.4142,绝对值都小于1,即河南和山东棉花市场价格重新回到原有均衡关系的速度都较慢,但山东市

场价格重新回到原有均衡关系的速度快于河南。从河南和美国棉花市场价格关系看，在1%显著水平上，两者误差调整项系数均显著不为0，河南、美国市场均具有误差校正机制；河南棉花市场价格和美国棉花市场价格误差调整项系数分别为-0.4310和-0.3158，绝对值都小于1，即河南和美国棉花市场价格重新回到原有均衡关系的速度都较慢，但河南市场价格重新回到原有均衡关系的速度快于美国。从山东和美国棉花市场价格关系看，在1%显著水平上，两者误差调整项系数均显著不为0，山东、美国市场均具有误差校正机制；山东棉花市场价格和美国棉花市场价格误差调整项系数分别为-0.5575和-0.2605，绝对值都小于1，即山东和美国棉花市场价格重新回到原有均衡关系的速度都较慢，但山东市场价格重新回到原有均衡关系的速度快于美国。

表6-13 河南和山东、河南和美国、山东和美国棉花市场价格误差修正模型的检验结果

	$\Delta LN(CHN)_t$	$\Delta LN(CSD)_t$		$\Delta LN(CHN)_t$	$\Delta LN(CUS)_t$
$\Delta LN(CHN)_t$		0.6102**	$\Delta LN(CHN)_t$		0.5496***
$\Delta LN(CSD)_t$	0.1097**		$\Delta LN(CUS)_t$	0.2905***	
$\Delta LN(CHN)_{t-1}$	0.3107**	0.6028**	$\Delta LN(CHN)_{t-1}$	0.2412*	0.0736
$\Delta LN(CHN)_{t-2}$			$\Delta LN(CHN)_{t-2}$	0.0514	
			$\Delta LN(CHN)_{t-3}$	0.0988	
$\Delta LN(CSD)_{t-1}$	-0.1045*	-0.0976	$\Delta LN(CUS)_{t-1}$	-0.0119	0.5015***
$\Delta LN(CSD)_{t-2}$			$\Delta LN(CUS)_{t-2}$	0.0233	
			$\Delta LN(CUS)_{t-3}$	-0.2447**	
$\Delta LNENERGY_{t-1}$			$\Delta LNENERGY_{t-1}$	0.1237*	-0.0908
$\Delta LNEXCHANGE_{t-1}$			$\Delta LNEXCHANGE_{t-1}$	-0.1333	-0.2472
ECM_{t-1}	-0.2472***	-0.4142***	ECM_{t-1}	-0.4310***	-0.3158***
C	0.0045	-0.0002	C	0.0022	-0.0008
F	7.3986***	7.4944***	F	6.1935***	9.6962***

	$\Delta LN(CSD)_t$	$\Delta LN(CUS)_t$
$\Delta LN(CSD)_t$		0.1746***
$\Delta LN(CUS)_t$	0.7032***	
$\Delta LN(CSD)_{t-1}$		-0.0237
$\Delta LN(CUS)_{t-1}$		0.5493***

续表

	ΔLN(CSD)$_t$	ΔLN(CUS)$_t$
ΔLNENERGY$_{t-1}$	-0.2315	0.0457
ΔLNEXCHANGE$_{t-1}$	-2.2360	-0.4602
ECM$_{t-1}$	-0.5575***	-0.2605***
C	-0.0037	-0.0005
F	6.0584***	9.3477***

注：***、**、*分别表示在1%、5%、10%的水平上显著。

从上述对小麦市场上河南和山东之间的价格序列，玉米、大豆、花生、棉花市场上河南、山东和美国之间的价格序列建立的误差修正模型检验结果的整体来看，模型中 ECM 系数美国多数大于河南、山东，山东多数又大于河南，说明美国市场比国内市场、山东市场比河南市场价格更加灵活，微观主体也更具有活力，能够更快适应市场变化。

6. 格兰杰因果检验

格兰杰因果检验是用来说明市场价格变动的先后顺序，以及反映出哪些市场是主导市场，以更好地了解和把握市场运行规律的一种检验方法。格兰杰因果检验假定了有关 y 和 x 每一变量的预测的信息全部包含在这些变量的时间序列之中。检验要求估计以下的回归模型：

$$y_t = \sum_{i=1}^{q} \alpha_i x_{t-i} + \sum_{j=1}^{q} \beta_j y_{t-j} + u_{1t} \tag{6-6}$$

$$x_t = \sum_{i=1}^{s} \lambda_i x_{t-i} + \sum_{j=1}^{s} \delta_j y_{t-j} + u_{2t} \tag{6-7}$$

其中，白噪声 u_{1t} 和 u_{2t} 假定为不相关的。然后用各自的残差平方和构造 F 统计量。若 x 无助于预测 y，则两个模型的残差平方和应该很接近，如果 x 有助于预测 y，则 F 值相对来说比较大。

本书在分析河南、山东、美国的小麦、玉米、大豆、花生和棉花市场之间的引导关系时，利用相应价格数据序列建立方程（6-6）和方程（6-7）的模型，然后进行 F 值检验，来找出各市场之间的价格传导顺序。表 6-14 反映了不同农产品各个地区市场价格之间的因果关系。

表 6-14　格兰杰因果关系检验结果

品种	零假设	F 统计量	P 值	结论
小麦	WHN 不是 WSD 的 Granger 原因	1.9105	0.0978	拒绝
	WSD 不是 WHN 的 Granger 原因	2.2687	0.0853	拒绝
	WHN 不是 WUS 的 Granger 原因	0.1238	0.8837	接受
	WUS 不是 WHN 的 Granger 原因	0.6472	0.5271	接受
	WSD 不是 WUS 的 Granger 原因	0.7557	0.5236	接受
	WUS 不是 WSD 的 Granger 原因	3.8362	0.0142	拒绝
玉米	MHN 不是 MSD 的 Granger 原因	1.4542	0.2416	接受
	MSD 不是 MHN 的 Granger 原因	3.7522	0.0290	拒绝
	MHN 不是 MUS 的 Granger 原因	0.5404	0.6565	接受
	MUS 不是 MHN 的 Granger 原因	1.4820	0.1998	接受
	MSD 不是 MUS 的 Granger 原因	2.2156	0.0867	拒绝
	MUS 不是 MSD 的 Granger 原因	3.1816	0.0485	拒绝
大豆	SHN 不是 SSD 的 Granger 原因	5.4606	0.0002	拒绝
	SSD 不是 SHN 的 Granger 原因	2.4338	0.0387	拒绝
	SHN 不是 SUS 的 Granger 原因	5.1044	0.0089	拒绝
	SUS 不是 SHN 的 Granger 原因	1.7814	0.1108	接受
	SSD 不是 SUS 的 Granger 原因	2.2148	0.0338	拒绝
	SUS 不是 SSD 的 Granger 原因	1.6194	0.1208	接受
花生	GHN 不是 GSD 的 Granger 原因	6.3233	0.0032	拒绝
	GSD 不是 GHN 的 Granger 原因	2.2187	0.0882	拒绝
	GHN 不是 GUS 的 Granger 原因	2.0413	0.1386	接受
	GUS 不是 GHN 的 Granger 原因	1.1338	0.3285	接受
	GSD 不是 GUS 的 Granger 原因	2.1650	0.1461	接受
	GUS 不是 GSD 的 Granger 原因	4.7173	0.0336	拒绝
棉花	CHN 不是 CSD 的 Granger 原因	2.2939	0.0893	拒绝
	CSD 不是 CHN 的 Granger 原因	7.2258	0.0015	拒绝
	CHN 不是 CUS 的 Granger 原因	2.2742	0.0715	拒绝
	CUS 不是 CHN 的 Granger 原因	8.0714	0.0008	拒绝
	CSD 不是 CUS 的 Granger 原因	3.2862	0.0437	拒绝
	CUS 不是 CSD 的 Granger 原因	2.9740	0.0577	拒绝

从表 6-14 中反映的不同农产品各个地区市场价格之间的因果关系来看：

(1) 河南和山东市场。在10%的显著水平上，小麦、大豆、花生、棉花市场上河南市场价格和山东市场价格分别都相互影响，即这些品种的两个市场价格之间分别都互为因果关系；从玉米市场价格的因果关系来看，在5%的显著水平上，山东市场价格引导河南市场价格，即山东市场价格是河南市场价格的格兰杰原因，而河南市场价格则不是山东市场价格的格兰杰原因。

(2) 河南和美国市场。在10%的显著水平上，小麦、玉米、花生市场上河南市场价格和美国市场价格都不存在相互的因果关系；在大豆市场上，在5%的显著水平上，河南市场价格引导了美国市场价格，即河南市场价格是美国市场价格的格兰杰原因，而在10%的显著水平上，美国市场价格则不是河南市场价格的格兰杰原因；在棉花市场上，在10%的显著水平上，河南市场价格和美国市场价格相互影响，即两个市场之间价格都互为因果关系。

(3) 山东和美国市场。在10%的显著水平上，小麦、花生市场上美国市场价格分别都引导山东市场价格，即美国市场价格分别都是山东市场价格的格兰杰原因；在大豆市场上，在5%的显著水平上，山东市场价格引导了美国市场价格，即山东市场价格是美国市场价格的格兰杰原因；在玉米、棉花市场上，在10%的显著水平上，山东市场价格和美国市场价格分别都相互影响，即这两个品种的两个市场价格之间分别都互为因果关系。

根据上述分别对小麦、玉米、大豆、花生、棉花市场上的河南和山东市场、河南和美国市场、山东和美国市场之间的因果关系分析来看，可以看出：一是国内市场之间的联系密切程度要高于与海外市场的联系；二是相比较内陆省份与海外市场间的联系，沿海省份与海外市场的联系更加紧密；三是开放度较高的农产品（棉花、大豆、花生）与海外市场的联系密切程度要高于开放度较低的农产品（小麦和玉米）与海外市场的联系密切程度（见图6-23）。

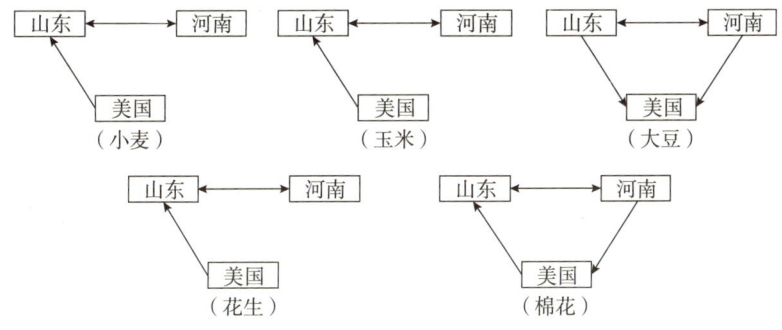

图6-23 不同产品在三个地区中的因果关系情况

注："→"表示单向因果关系，"↔"表示双向因果关系。

七、本章小结

本章从宏观经济政策调整、农业产业结构变动、农村劳动力配置变化、农民收入水平及差距、农产品贸易发展和重要商品的价格传递六个方面分析了扩大贸易开放背景下国际对国家、国家对区域的影响以及区域自身的变化情况。

第一，在宏观经济政策调整方面，我国积极履行了"入世"做出的承诺，为适应新的变化，对国内外相关宏观经济政策进行了一系列的相应调整。

第二，在农业产业结构调整上，一方面，河南、山东两省的种植业中劳动密集型产品所占产值明显增加，土地密集型产品比例显著下降，畜牧业上则向着规模化方向发展；另一方面，从河南、山东两省的农业生产结构调整力度和农产品集中度指数来看，扩大贸易开放后两省生产结构基本都按照比较优势进行了调整，农产品集中度指数也都有所上升，但由于受到各种因素影响，两省相应指数的调整力度并不符合预期假设。不过总体来看，山东在缺乏比较优势的产品的调整时间和有优势的产品发展上都要早于河南。这实际上也可以说，山东在"入世"前就已经与海外市场形成密切的联系，结构调整起步早，河南与海外市场联系晚，结构调整迟于山东，这在某种意义上也反映了国际市场价格信号在沿海地区和内陆地区传导时间上的差异性，并因此造成内陆地区在产业调整时间和速度上要滞后于沿海地区。

第三，在农村劳动力配置上，扩大贸易开放优化了劳动力在不同产业、不同地区的配置，增加了要素的收益，河南、山东两省在农村劳动力就业结构和就业区域上都发生了显著变化：在就业结构上，河南、山东两省就业结构中第一产业就业比重均明显下降，山东比河南的第一产业就业比重更低一些。与此同时，"入世"后农业生产规模的扩大拉动了农业劳动就业，而劳动生产率的迅速提高则明显减少了对农业劳动的需要，但却增加了劳动者的收入；在就业区域上，劳动力跨地区流动性显著增强，河南农村劳动力选择在省外就业的比例上升较大，而山东农村劳动力就业更多的是以就地就业为主。

第四，在农民收入水平及差距上，一方面，河南、山东两省农村居民人均纯收入年均增长幅度比"入世"前都有了显著提高，其中非农业收入成为拉动农民收入增长最主要的动力；另一方面，河南、山东两省的农村收入基尼系数都在增大，收入不均等程度在加剧，但两省之间的农民收入差距并未随着扩大贸易开放而拉大。因此，如何增加农民的非农就业机会，提高农民的非农收入就成为增加农民收入的关键所在，同时，也应该关注贸易开放带来的农民收入差距拉大的趋势。

第六章 扩大贸易开放背景下国家层次效应向国内区域的传导机制

第五，在农产品贸易发展上，受地理位置等因素影响，"入世"后河南、山东两省在农产品贸易发展速度上差别很大：河南贸易开放度很低，山东贸易则位居全国前列，但两省都充分利用了优势农业资源，劳动密集型产品在出口中的比重明显上升，说明扩大贸易开放有利于地区资源禀赋的优化配置和比较优势的充分发挥。

第六，在重要农产品的价格传递上，书中选取了河南、山东和美国三个地区的小麦、玉米、大豆、花生和棉花五种农产品作为分析对象，利用协整分析分别讨论了各种农产品在不同区域的价格关系。总体来看，国内农产品市场价格联系比较紧密；沿海地区与海外市场的联系密切程度要高于内陆地区与海外市场的联系；大豆、花生、棉花这些开放度较高的农产品与海外市场的联系密切程度要高于小麦、玉米这些开放度相对较低的农产品与海外市场的联系密切程度；美国农产品市场价格大多处于引导地位。同时，本书也发现这些产品市场尤其是粮食市场的长期关系对短期内价格波动的调节作用十分有限，传递效果不是很充分，国内对粮食市场的政策干预可能是其主要原因。

第七章　研究结论和政策含义

一、研究结论

本书以河南、山东为例研究了扩大贸易开放对区域农业和农村发展的影响，并分析了造成区域发展差异的原因，可以得出如下基本结论：

第一，河南、山东两省农业发展条件相似，农业发展模式相差甚远，但利用不同市场实现了相近的发展绩效，因而扩大贸易开放并非是农业和农村经济发展绩效的决定性因素。通过比较河南、山东两省的农业生产条件和农业发展绩效，本书发现：除了山东具有沿海这一独特的地理优势外，两省其他农业生产条件都相似。但从两省农业生产能力、农业贸易开放、农村居民人均纯收入等绩效评价指标来看，一方面，"入世"后两省的农业生产能力和农民收入水平在快速提高的同时并未出现差距明显扩大的趋势。另一方面，两省农业参与国际市场的程度即农业外向型水平差距在拉大。山东的农业开放度水平要远远高于河南，外向型农业较为发达，农产品贸易形成了"大进大出"的发展模式，而河南农业还相对封闭，农业生产仍主要是为国内市场提供消费，农产品贸易基本维持了"低进低出"的平衡调节发展模式。两省具有相近的农业发展条件，形成了不同的农业发展模式，却同样都实现了农业和农村经济的快速发展，这说明扩大贸易开放并非是两省农业和农村发展绩效的决定性因素。同时，受交易费用等因素的影响，两省的农业发展模式差异也基本符合了理论预期。

在今后更加开放的环境下，山东等沿海地区凭借着地理位置等优势，与国际市场的联系还会更加密切，农业外向型水平也将进一步提高。随着国内经济的快速发展和居民收入的不断增加，国内市场的消费潜力还很巨大，这也为河南等在出口上受限的内陆省份农业生产提供了发展动力和契机。因而，在未来尽管不同地区在农业发展模式上差异可能还将会进一步增加，但却可以利用不同市场来发展各自的农业，这实际上也为各地政府在制定农业发展政策上提供了可借鉴的思路。

第二，扩大贸易开放有利于发挥比较优势，促进经济增长，但对不同产业发展的影响有所区别。本书运用一般均衡分析方法，事后模拟评估了中国"入世"对国内农业发展的影响,研究发现:如果中国当初未选择加"入世"界贸易组织,将使得国内经济发展水平显著降低,农产品生产、消费和价格下降,农产品贸易中出口导向产品和进口替代产品的贸易量都明显萎缩。因此,进一步扩大贸易开放,充分利用国内外两种资源,对促进国民经济发展、生产结构优化调整、保证国家粮食安全等具有重要意义。与此同时,政府也要注意因贸易开放给相关产业发展带来的冲击,特别是对于一些关系国民生计的产业,要给予重点保护和扶持。

第三,宏观经济政策措施及微观主体行为上的差异对地区农业和农村发展方式的差异具有重要影响。在国家层面上,长期以来国家对河南、山东两省执行了差异性的发展政策和战略,这种区域经济发展思路的差异影响了地区农业生产结构的调整并进而导致了农村经济发展方式的不同;在区域层面上,两省在农业农村发展战略、政府应对"入世"能力、地理位置优势、思想文化观念等方面都有较大差别;在企业层面上,两省在农村工业化和农业产业化发展水平、企业发展环境和企业发展能力上差距明显;在农户层面上,两省非农业就业机会的不同、主要农产品成本收益的差异和农户对"入世"的认知程度的差别,都造成了农业生产结构调整速度和农业发展方式的不同。

第四,扩大贸易开放促进农业和农村发展模式发生了重要转变,但国家层次效应向国内不同区域内的传导次序不同。在宏观经济政策调整方面,我国积极履行了"入世"时做出的承诺,为适应进一步开放的需要,对国内外相关宏观经济政策进行了一系列的相应调整。在农业产业结构调整上,从河南、山东两省的农业生产结构调整力度和农产品集中度指数来看,扩大贸易开放后两省农业生产结构基本都按照比较优势进行了调整,农产品集中度指数也都有所上升,但由于受到各种因素影响,两省相应指数的调整力度并不符合预期假设。从两省农业产业结构调整速度来看,山东在缺乏比较优势的产品上的调整要早于河南,有优势的产品发展则早于河南。这实际上也说明山东在"入世"前就已经与海外市场形成密切的联系,结构调整起步早,河南与海外市场联系晚,结构调整迟于山东,国际市场价格信号从沿海到内陆传递存在一个过程。在农村劳动力配置上,扩大贸易开放优化了劳动力在不同产业、不同地区的配置,增加了要素的收益,两省在农村劳动力就业结构和就业区域上都发生了显著变化:就业结构中第一产业就业比重均明显下降,山东比河南的第一产业就业比重更低一些。另外,"入世"后农业生产规模的扩大拉动了农业劳动就业,而劳动生产率的迅速提高则明显减少了对农业劳动的需要,但却增加了劳动者的收入。在就业区域上,劳动力跨地区流动性显著增强,河南农村劳动力就业主要选择在省外,而山东农村劳动力就业更多的是以就地就业为主。在农民收入水平及差距上，一方面，两省农村居民人均纯收入年均增长幅度比"入世"前都有了显著提高，其中非农业收入成为拉动农民收入增长最主要的动力；另一方面，两省的农民收入差距并未随着扩大贸易开放而拉大。在农产品贸易发展上，河南利用了劳动力丰富等优势农业资源条件，食品加工、蔬菜种植等在出口中所占的比重明显上升，山东则依靠优越地理位置和传统优势，水产品、蔬菜、水果出口在总的农产品出口中依然保持着较大优势，但两省在油籽等土地密集型产品上比重都明显下降。在重要农产品的价格传递上，总体来看，国内农产品市场价格联系比较紧密；大豆、花生、棉花这些开放度较高的农产品市场价格与海外市场的价格联系比小麦、玉米这些开放度相对较低的农产品市场价格与海外市场的价格联系更加紧密；美国农产品市场价格大多处于引导地位。同时，本书也发现这些产品市场尤其是粮食市场的长期关系对短期内价格波动的调节作用十分有限，传递效果不是很充分，国内对粮食市场的政策干预可能是其主要原因。

二、政策含义

实践证明，过去40年我国农业农村经济发展取得的巨大成就是在开放条件下取得的，未来我国经济实现高质量发展也必须在更加开放的条件下进行。正如习近平主席强调的，"中国开放的大门不会关闭，只会越开越大"。随着"一带一路"倡议扎实推进，自由贸易试验区的建设，以及各项对外开放新举措的落地，未来我国还将面临更加开放的贸易环境，我国农业和农村经济在整体上仍将保持较快发展速度的同时，也必然会遭遇更多的新挑战。在以上研究结论的基础上，本书研究的政策含义是：

第一，农业发展战略和政策制定应充分考虑地区间差异。扩大贸易开放后，沿海地区和内陆省份分别利用不同市场发展农业，形成了差异较大的农业发展模式，但却都同样取得了很好的发展绩效。因此，在未来国内经济继续发展和贸易进一步开放的背景下，受主客观原因的影响，不同地区在制定发展农业战略和政策时，应结合本地区的实际情况：内陆地区发展贸易可以因地制宜，把更多的精力放在开拓国内市场消费需求上，而沿海地区则可以借助地理位置等优势，继续充分利用国外市场，大力发展对外贸易。

第二，应避免政策优惠或区域发展战略造成地区间"歧视"。长期以来，我国执行了"增长优先"的区域经济非均衡发展战略和相应的政策倾斜，这是造成地区间发展不平衡的重要原因。这种区域间发展差距的拉大，既不利于我国经济的可持续发展，也会带来诸多的社会问题。从长远来看，政府很有必要实行

"发展战略转轨",在制定发展战略和相关政策时,摒弃"歧视性"的发展战略和政策优惠,尽可能实现区域经济的协调共同发展。

第三,强化内陆省份与沿海省份的联系,形成有梯度的外向型发展模式。尽管内陆省份受地理位置等客观原因的限制,发展外向型经济不如沿海省份便利,但完全可以通过直接和间接两种方式分享贸易开放带来的机会和利益,形成有梯度的外向型发展模式。在直接方式上,可以通过完善地区基础设施和公共服务、培育龙头企业能力和促进产业链形成、改善物流体系和信息、促进外向型企业的区域集聚以形成正的外部效应等形式实现;在间接方式上,可以通过劳动等要素跨地区流动、跨地区原料供给等形式强化与沿海省份的联系。同时,内陆地区还应加强人力资本的培育和产业链组织的发展,沿海地区则需要关注外部风险,有效利用国内外两个市场。

三、研究不足和进一步研究的建议

受时间、资料可得性等主客观原因的限制,本书中的研究也存在一些不足和尚待完善的地方,具体如下:

第一,在研究方法上,虽然GTAP模型通常对政策定量分析具有良好效果,能够体现经济体系内的复杂联系并对政策选择提供全面和丰富的参考依据,但是模型参数设定主要依据研究者的判断和经验,模拟结果的可靠性不具有可检验性。同时,在研究中使用的GTAP模型数据库的基期为2001年,技术进步、关税、各种产品弹性等数值可能与现实有些差距,而本书中的研究对此并没有进行相应修正,这也会影响相应的研究结果。

第二,在政策方案设计上,为了研究简化的需要,在模拟方案设计中,"入世"十年间发生的很多经济政策、双边贸易安排等因素都没考虑进去,并且其中许多假设也未必准确,这些都会影响到模拟结果对实际情况反映的准确程度。

第三,在数据资料使用上,一是书中主要是利用统计年鉴等第二手资料,由于统计口径等原因,数据质量问题值得商榷,因而本书依此得出结论的可靠性将受到影响;二是由于国内的农产品价格统计数据时间序列较短(书中在分析五种主要农产品价格关系时,基于数据的完整性、可得性,采用了2006年10月至2012年6月的价格数据资料),因而依此分析得出的结论在反映现实情况上可能有偏差;三是利用两省的数据建立计量经济学模型作分析面临困难,同时简化模型不能很好地反映实践,而复杂模型受到样本容量小、资料不完整的限制。

在进一步的研究中,本书以为:在国家层面识别扩大贸易开放对农业和农村发展的影响上,可以考虑对模型中相关系数进行调整,并结合中国各产业生产和进出口贸易发展现状,让模型政策模拟方案更贴近现实,以期获得更多有价值的结论。另外,在分析两省之间的农业和农村发展情况时,可以深入市县级层面进行分析和比较,如果可能,甚至可以把两省的农业和农村经济发展模式推广全国,以期为其他地区农业和农村经济发展提供更多的经验和借鉴。

参考文献

[1] Anderson K., B. Hoekman, and A. Strutt. Agriculture and the WTO: Next Steps [J]. Review of International Economics, 2001, 9 (2): 192-214.

[2] Anderson, Huang, and Ianchovichina. Long-run Impacts of China's WTO Accession on Farm-nonfarm Income Inequality and Rural Poverty [J]. China Economic Review, 2004 (4): 116-120.

[3] Aderson K., et al. Will China's WTO Accession Worsen Farm Household Income? [J]. China Economic Review, 2004, 15 (4): 443-456.

[4] Anita Regmi, Changing Structure of Global Food Consumption and Trade, Market and Trade Economics Division, Economic Research Service, U. S. Department of Agriculture, Agriculture and Trade Report [R]. World Bank Policy Research Working Paper, 2009.

[5] Carl Zulauf and David Ordern. ACRE in the U. S Farm Bill and the WTO [Z]. IATRC Working Paper, 2009.

[6] DeRosa D. A., Regional Integration Arrangements: Static Economic Static Theory, Quantitiative Finding, and Policy Guidelines [Z]. World Bank Working Paper, No. 2007, 1998.

[7] Fan Zhai, Thomas Hertel, and Zhi Wang. Labor Market Distortions, Rural-Urban Inequality and the Opening of China's Economy [Z]. GTAP Working Paper, No. 27, 2003a.

[8] Fan Zhai, Thomas Hertel, and Zhi Wang. Labor Market Distortions, Rural-Urban Inequality and the Opening of China's Economy [Z]. GTAP Working Paper, No. 27, 2003b.

[9] Xiaolan Fu. Limited Linkages from Growth Engines and Regional Disparities in China [J]. Journal of Comparative Economics, 2004, 32 (1): 148-164.

[10] Gehlhar M. Historical Analysis of Growth and Trade Patterns in the Pacific Rim: An Evaluation of the GTAP Framework [M]// T. W. Hertel. Global Trade Analysis: Modeling and Applications New York: Cambridge University Press, 1997.

[11] Gehlhar Mark, Thomas Hertel, and Will Martin. Economic Growth and the Changing Structure of Trade and Production in the Pacific Rim [J]. AJAE, 1994, 76 (5): 1101-1110.

[12] Gilbert, John, and Thomas Wahl. Applied General Equilibrium Assessments of Trade Liberalization in China [J]. World Economy, 2002, 25 (5): 697-731.

[13] Hertel T. W. Global Trade Analysis: Modeling and Applications [M]. New York: Cambridge University Press, 1997.

[14] Huang J., S. Rozelle, M. Chang. Tracking Distortions in Agriculture: China and Its Accession to the World Trade Organization [J]. The World Bank Economic Review, 2004, 18 (1): 59-84.

[15] Ianchovichina E., and W. Martin. Trade Liberalization in China's Accession to the WTO [J]. Journal of Economic Integration, 2001, 16 (4): 421-445.

[16] Ianchovichina E., and W. Martin. Economic Impacts of China's Accession to the WTO [J]. The World Bank Economic Review, 2004, 18 (1): 3-27.

[17] Lejour Arjan. China and the WTO: The Impact on China and the World Economy [Z]. Paper Presented for the Third GTAP Annual Conference, 2002.

[18] Theresa M. Greaney. Assessing the Impacts of US-Japan Bilateral Trade Agreements, 1980-1995 [J]. World Economy, 2001, 24 (2): 127-157.

[19] Walmsley T. L., V. D. Betina, and A. M. Robert. A Base Case Scenario for the Dynamic GTAP Model [R]. West Lafayette: Purdue University, 2000.

[20] David Blandford. Understanding the Determinants of Structural Change in World Food Markets: Discussion [J]. AJAE 1998, 80 (5): 1064-1065.

[21] Wusheng Yu and Soren E. Frandsen. China's WTO Commitments in Agriculture: Does the Impact Depend on OECD Agricultural Policies? [Z]. Foei Working Paper, 2014.

[22] Yang Jun, Zhang Haisen and Huang Jikun. The Impact of Trade Policy Arrangements on China and World economy in Post-MFA Era [J]. Journal of Donghua University (English Edition), 2006, 23 (2): 68-73.

[23] Yingmei Zheng and Jianhong Qi. Empirical Analysis of the Structure of Sino-US Agricultural Trade [J]. China & World Economy, 2007, 15 (4): 35-51.

[24] Yongzheng Yang. Are Food Embargoes a Real Threat to China? [Z]. Asia Pacific School of Economics and Management Working Papers, 1999.

[25] Zhai F., and Wang Z. WTO Accession, Rural Labour Migration and Urban

Unemployment in China [J]. Urban Studies, 2002, 39 (12): 2199-2217.

[26] 白描. 中国加"入世"界贸易组织对农业和农村发展影响的事后评估 [D]. 北京: 中国农业大学, 2011.

[27] 蔡昉, 王德文. 比较优势差异、变化及其对地区差距的影响 [J]. 中国社会科学, 2002 (9): 41-54.

[28] 蔡昉. 劳动力市场变化趋势与农民工培训的迫切性 [J]. 职业技术教育, 2005 (27): 29-31.

[29] 曹历娟. 发展生物质能源对我国粮食安全和能源安全影响的一般均衡分析——以生物乙醇为例 [D]. 南京: 南京农业大学, 2009.

[30] 曹宏苓. 一般均衡分析在自由贸易区研究中的应用 [J]. 国际经贸探索, 2005 (12): 4-7.

[31] 陈恭军, 田维明. 扩大贸易对我国农民收入的影响研究 [J]. 农业技术经济, 2012 (11): 85-90.

[32] 陈恭军, 田维明. "入世"对中国农业发展影响的事后评估 [J]. 财贸研究, 2013 (1): 9-15.

[33] 陈开军. 贸易开放度对地区经济增长差异影响的实证分析 [J]. 甘肃省经济管理干部学院学报, 2006 (6): 7-11.

[34] 陈雯. 东盟区域贸易合作的贸易效应研究 [D]. 厦门: 厦门大学, 2002.

[35] 陈雯. 试析东盟自由贸易区建设对东盟区内贸易的影响 [J]. 世界经济, 2003 (1): 40-46.

[36] 陈锡文. 加"入世"贸组织与我国农业的发展 [J]. 农业经济问题, 2002 (6): 2-11.

[37] 陈永福. 加"入世"界贸易组织对我国蔬菜贸易的影响 [J]. 中国农村经济, 2001 (1): 32-36.

[38] 陈志刚. 金融自由化与收入分配: 理论和发展中国家的经验 [J]. 上海经济研究, 2006 (1): 14-19.

[39] 崔奇峰. 中国—东盟自由贸易区建立的经济影响分析 [D]. 南京: 南京农业大学, 2009.

[40] 戴枫. 贸易自由化与收入不平等 [J]. 世界经济研究, 2005 (10): 39-46.

[41] 董瑾, 江山. 对建立中国—东盟自由贸易区的经济分析 [J]. 商业研究, 2005 (6): 156-160.

[42] 樊胜根, 张林秀. 世界贸易组织和中国农村公共投资 [M]. 北京: 中

国农业出版社，2003.

[43] 樊明太，郑玉歆. 贸易自由化对中国经济影响的一般均衡分析[J]. 世界经济，2000（4）：16-26.

[44] 冯海发. 论世界贸易组织框架下我国农业发展的宏观对策[J]. 经济研究，1997（1）：45-54.

[45] 封志明，李香莲. 耕地与粮食安全战略：藏粮与土，提高中国土地资源的综合生产能力[J]. 地理学与国土研究，2000，16（3）：1-5.

[46] 高颖，田维明，张宁宁. 扩大农产品市场开放对中国农业生产和粮食安全的影响[J]. 中国农村经济，2013（9）：4-17.

[47] 国家统计局农村社会经济调查总队. 2003 农民收入调查与研究[M]. 北京：中国统计出版社，2004.

[48] 海闻，P. 林德特，王新奎. 国际贸易[M]. 上海：上海人民出版社，2003.

[49] 农业部农业产业化办公室，农业部农村经济研究中心. 中国农业产业化发展报告[M]. 北京：中国农业出版社，2008.

[50] 农业部农业产业化办公室，农业部农村经济研究中心. "十一五"农业产业化发展报告[M]. 北京：中国农业出版社，2012.

[51] 郭熙保，罗知. 贸易自由化、经济增长与减轻贫困——基于中国省际数据的经验研究[J]. 管理世界，2008（2）：15-24.

[52] 胡冰川. 世界贸易组织框架下 FTA 国别效应的动态研究——基于中国澳大利亚、中国新西兰建立 FTA 的模拟[D]. 南京：南京农业大学，2007.

[53] 胡鞍钢，孟健军，城永宏，杨韵新. "入世"后我国的劳动就业与劳动保障[J]. 中国人力资源社会保障，2002（2）：14-18.

[54] 胡海军，张卫东，向锦. 贸易开放度与我国农村贫困的联系的实证分析[J]. 国际贸易问题，2007（8）：15-22.

[55] 胡俊芳. 中日韩自由贸易区贸易效果的实证分析[M]. 上海：复旦大学出版社，2007.

[56] 黄季焜，李宁辉，陈春来. 贸易自由化与中国农业：是挑战还是机遇[J]. 农业经济问题，1999（8）：2-7.

[57] 黄季焜，斯·罗泽尔. 迈向 21 世纪的中国粮食经济[M]. 北京：中国农业出版社，1998.

[58] 黄季焜. 从农产品价格保护程度和市场整合看"入世"对中国农业的影响[J]. 管理世界，2002（9）：84-97.

[59] 黄季焜，杨军，Frank Van Tongeren, Hans Van Meijl. 全球贸易自由化对中国和世界经济的影响 [J]. 地理科学进展，2005, 24 (1)：1-10.

[60] 黄季焜，徐志刚，李宁辉，Scott Rozelle. 贸易自由化与中国的农业、贫困和公平 [J]. 农业经济问题，2005 (7)：9-15.

[61] 黄鹏，金柳燕. 基于 GTAP 模型对多哈回合非农产品关税减让可能效应的一般均衡分析 [J]. 世界贸易组织动态与研究，2010, 17 (1)：12-18.

[62] 黄祖辉，王敏，张晓波. 农村居民收入差距问题——基于农民企业家报酬的考察 [J]. 管理世界，2006 (1)：75-82.

[63] 蒋庭松. 加"入世"界贸易组织与中国粮食安全 [J]. 管理世界，2004 (3)：82-94.

[64] 蒋乃华，谢科进. 农产品贸易自由化对我国粮食进口的影响——论我国粮食生产的稳定性 [J]. 国际贸易问题，2006 (12)：18-22.

[65] 姜文学，邓立立. 国际经济学 [M]. 大连：东北财经大学出版社，2009.

[66] 介跃建. 用 GTAP 模型分析中国加"入世"界贸易组织后的粮食市场 [J]. 中国农业大学学报，2003 (8)：110-114.

[67] 柯炳生. 加"入世"界贸易组织与我国农业发展 [J]. 中国农村经济，2002 (1)：4-13.

[68] 柯炳生. 对粮食安全问题的若干看法与对策建议 [J]. 中国地产市场，2004 (4)：64-67.

[69] 柯炳生. "入世"三年来我国农业发展的分析与前景展望 [J]. 农业经济问题，2005 (5)：4-8.

[70] 柯炳生. 我国的粮食安全问题与对策思路 [J]. 中国农垦，2005 (1)：15-19.

[71] 梁小民. "入世"对中国农业的影响及对策 [J]. 中国青年政治学院学报，2000 (1)：48-54.

[72] 蓝海涛. 逐渐加深的影响——加"入世"界贸易组织对我国农业影响的跟踪评价 [J]. 国际贸易，2003 (9)：9-12.

[73] 刘慧. 扩大贸易开放对中国羊毛产业发展的影响 [D]. 北京：中国农业大学，2011.

[74] 刘志澄. 世界贸易组织与中国农业 [J]. 农业经济问题，2002 (5)：2-7.

[75] 卢峰，梅孝峰. 我国"入世"农业影响的省区分布估测 [J]. 经济研究，2001 (4)：67-73.

[76] 卢锋. "入世"对中国农业和粮食安全的影响 [J]. 中国经贸, 2002 (1): 30-33.

[77] 罗英姿. "入世"对我国棉花流通体制的影响及政策建议 [J]. 国际贸易问题, 2001 (10): 6-8.

[78] 吕耀, 王兆阳. 农村居民收入水平及其分配差异的实证分析 [J]. 中国农村经济, 2001 (6): 18-24.

[79] 李建平, 张存根. 加"入世"界贸易组织对我国养猪业的影响及对策 [J]. 农业经济问题, 2000 (4): 13-16.

[80] 李建平. 自由贸易协定 (FTA) 下的中国—东盟及中国智利农产品贸易发展研究 [D]. 北京: 中国农业科学院, 2006.

[81] 李佩婷. 基于GTAP的"两岸经济合作框架协议"效应研究 [D]. 杭州: 浙江大学硕士论文, 2011.

[82] 李善同, 翟凡, 徐林. 中国加"入世"界贸易组织对中国经济的影响——动态一般均衡分析 [J]. 世界经济, 2000 (2): 3-14.

[83] 李实. 中国农村劳动力流动与收入增长和分配 [J]. 中国社会科学, 1999 (3): 1-33.

[84] 李实, 赵人伟. 中国居民收入分配再研究 [J]. 经济研究, 1999 (4): 3-17.

[85] 李石新, 邹新月, 郭新华. 贸易自由化与中国农村贫困的减少 [J]. 中国软科学, 2005 (10): 51-58.

[86] 李先德, 宗义湘. 中国农业支持水平衡量与评价 [J]. 农业经济问题, 2005 (12): 19-26.

[87] 李秀娥. 中国与SCAU区域贸易自由化经济效应的研究——基于CGE/GTAP模型 [D]. 济南: 山东大学, 2009.

[88] 李众敏. 中国区域贸易自由化战略研究 [J]. 世界经济, 2007 (8): 46-51.

[89] 李众敏, 吴凌燕. 多哈回合对中国农业的影响: 基于全球贸易分析模型 (GTAP) 的初步评估 [J]. 世界经济, 2007 (2): 32-40.

[90] 李众敏. 中国—东盟自由贸易协定对我国各地区蔬菜出口及生产的影响 [D]. 北京: 中国人民大学, 2006.

[91] 林毅夫. "入世"与中国粮食安全和农村发展 [J]. 农业经济问题, 2004 (1): 32-33.

[92] 鲁晓东. 收入分配、有效要素禀赋与贸易开放度——基于中国省际面

板数据的研究［J］.数量经济技术经济研究,2008（4）:53-64.

［93］马翠萍.农产品"入世""过渡期"结束后中国粮食贸易的演变［J］.中国软科学,2017（9）:18-29.

［94］马晓河.加"入世"界贸易组织对我国农业的影响分析［J］.中国财政,2001（12）:14-17.

［95］穆月英.我国农产品地区比较优势的定量分析［A］.社会主义新农村建设研究——中国农业经济学会2006年年会暨社会主义新农村建设学术研讨会论文集［C］.北京:中国农业出版社,2007:306-317.

［96］农业部农村经济研究中心:河南粮食生产发展调研报告［R］.农业部农村经济研究中心,2011.

［97］彭高群.基于可计算一般均衡（CGE）模型的几种东亚自由贸易区形式的效应比较研究［D］.上海:上海交通大学,2009.

［98］彭支伟.东亚生产与贸易一体化——结构、机制与外部冲击［D］.天津:南开大学,2009.

［99］钱方明.开放与区域经济发展——兼对江浙模式的应用分析［M］.北京:人民出版社,2006.

［100］秦富,钟钰,贾伟.主动应对农产品贸易挑战的思考和建议［J］.农业经济问题,2015（11）:4-8.

［101］世界银行.世界银行评估中国"入世"影响［J］.中国科技产业,2001（12）:35-36.

［102］邵家兵.中国—东盟自由贸易区经济效应研究——基于可计算一般均衡模型［D］.重庆:重庆大学,2005.

［103］孙东升,吕春生.加"入世"界贸易组织对我国粮食安全的影响与对策［J］.农业经济问题,2001（4）:13-16.

［104］谭向勇,辛贤.加"入世"界贸易组织对我国农业的影响［J］.中外管理导报,2000（2）:22-23.

［105］谭向勇,李鹏,郑妍.加"入世"贸组织前后中国农产品生产及进出口变化情况的实证分析［J］.中国农村经济,2006（5）:4-9.

［106］陶应虎.农村居民收入区域差异及其影响因素研究——以江苏省为例［D］.南京:南京农业大学,2008.

［107］田国强,蒋俊朋,王莉."入世"以来中国农产品贸易的发展状况及趋势展望［J］.世界农业,2012（2）:1-5.

［108］田维明,高颖,张宁宁."入世"以来我国农业和农产品贸易发展情

况及存在的突出问题分析[J].农业经济问题,2013(11):13-18.

[109] 田维明."入世"后国内外农产品市场变化前景[J].中国农业资源与区划,2002(12):19-23.

[110] 田维明."入世"五年我国农业发展状况与前景展望[J].中国发展观察,2006(12):7-9.

[111] 田志宏,王伟.关税收入效应和关税税率的图解分析[J].中国农业大学学报,2002(6):101-105.

[112] 魏巍,魏超.中韩FTA的预期宏观经济效应——基于动态GTAP模型的分析[J].山东经济,2009(5):127-130.

[113] 万广华.中国农村区域间居民收入差异及其变化的实证分析[J].经济研究,1998(5):36-49.

[114] 万广华.经济发展与收入不均等:方法和证据[M].上海:上海人民出版社,2006.

[115] 万广华,张藕香,伏润民.1985~2002年中国农村地区收入不平等:趋势、起因和政策含义[J].中国农村经济,2008(3):4-15.

[116] 王莉.建立东亚自由贸易区对中国农产品贸易的影响[D].北京:中国农业大学,2003.

[117] 王莉.贸易自由化对收入分配差距影响的研究[D].武汉:武汉大学,2005.

[118] 王丽娟.贸易自由化对中国区域经济差距的影响分析[J].世界经济研究,2005(9):41-47.

[119] 吴敬学,毛世平.加"入世"界贸易组织后对我国畜牧业及饲料行业的影响[J].饲料工业,2002(3):1-3.

[120] 武拉平.国内外粮食市场关系研究[J].中国农村观察,2000(6):24-32.

[121] 武拉平,张东军.加"入世"界贸易组织后我国农业发展的对策[J].河北学刊,2001(2):68-71.

[122] 吴凌燕.贸易自由化对中国各地区食糖生产及消费的影响研究[D].北京:中国农业科学院,2008.

[123] 吴强.贸易自由化下的中国农产品贸易政策变动之影响分析[D].南京:南京农业大学,2008.

[124] 辛贤,尹坚.贸易自由化背景下中国肉产品区域生产、消费和流通[J].中国农村经济,2004(4):10-16.

[125] 辛贤，尹坚．不同政策模拟方案下的中国肉产品市场格局［J］．动物科学与动物医学，2003（10）：16-17．

[126] 徐永安．贸易自由化与中国收入分配的演变［J］．世界经济文汇，2003（8）：44-54．

[127] 薛敬孝，张伯伟．东亚经贸合作安排：基于可计算一般均衡模型的比较研究［J］．世界经济，2004（6）：51-59．

[128] 杨军，黄季焜，仇焕广．建立中国和澳大利亚自由贸易区的经济影响分析及政策建议［J］．国际贸易问题，2005（11）：65-70．

[129] 尹翔硕．比较优势、技术进步与收入分配——基于两个定理的分析［J］．复旦学报（社会科学版），2002（11）：50-55．

[130] 曾寅初，刘君逸，梁筱筱．俄罗斯加"入世"界贸易组织对中俄农产品贸易的影响［J］．经济纵横，2012（9）：42-45．

[131] 翟虎渠．粮食安全的三层内涵［J］．瞭望，2004（13）：60-61．

[132] 翟继蓝，谭向勇．加"入世"界贸易组织对我国蛋禽业的影响［J］．中国农村经济，2000（5）：44-48．

[133] 赵金龙．中国在东北亚地区的FTA战略选择：基于CGE模型的比较研究［J］．东北亚论坛，2008（9）：8-13．

[134] 张车伟，蔡昉．试论加"入世"界贸易组织对中国就业结构的影响［J］．当代经济科学，2002（5）：14-21．

[135] 张二震．国际贸易的发展利益及其实现机制［J］．南京农业大学学报（哲学社会科学版），1995（4）：24-32．

[136] 张桂林，冯丹，张谛．世界贸易组织背景下我国"大玉米经济"战略探讨［J］．中国农村经济，2001（8）：11-16．

[137] 张国初．"入世"对我国就业有哪些影响［J］．北京观察，2002（5）：22-25．

[138] 张汉林，袁佳．开放经济条件下中国收入分配状况分析——对中国"入世"10周年的总结与反思［J］．财贸经济，2011（11）：14-22．

[139] 张建清，魏伟．贸易开放、市场化改革与中国地区收入差异［J］．商业时代，2011（5）：45-46．

[140] 张士功，周应华．世贸组织与我国大豆生产：现状、问题和对策［J］．国际贸易问题，2001（9）：6-9．

[141] 张晓辉．中国农村居民收入分配实证描述及变化分析［J］．中国农村经济，2001（6）：11-17．

[142] 张平. 中国农村区域间居民的收入分配 [J]. 经济研究, 1992 (2): 62-69.

[143] 张伟. 用 GTAP 模型分析国际技术溢出对中国的影响——以工业制成品部门为例 [D]. 重庆: 重庆大学, 2007.

[144] 赵文. 我国粮食安全的目标和问题 [J]. 农产品加工, 2004 (2): 16-18.

[145] 钟甫宁, 何军. 增加农民收入的关键: 扩大非农就业机会 [J]. 农业经济问题, 2007 (1): 62-69.

[146] 中国农业大学经济管理学院课题组. 加"入世"界贸易组织对我国农产品贸易的影响 [J]. 世界经济, 1999 (9): 5-16.

[147] 姜徐宁, 黄和亮. 中俄农产品贸易的竞争性和互补性研究 [J]. 云南农业大学学报 (社会科学版), 2019 (4): 81-86.

[148] 周曙东. 农产品进口所带来的社会经济及环境影响——以江苏省为例 [J]. 南京农业大学学报, 2001, 24 (4): 89-92.

[149] 周曙东, 徐志刚, 封劲. 加"入世"贸组织对我国农业的影响及对策 [J]. 农业经济问题, 2000 (1): 18-21.

[150] 周曙东, 胡冰川, 吴强, 崔奇峰. 中国—东盟自由贸易区的建立对区域农产品贸易的动态影响分析 [J]. 管理世界, 2006 (10): 14-21.

[151] 周曙东, 崔奇峰. 中国—东盟自由贸易区的建立对中国进出口贸易的影响——基于 GTAP 模型的模拟分析 [J]. 国际贸易问题, 2010 (3): 54-59.

[152] 周应恒, 赵文, 张晓敏. 近期中国主要农业国内支持政策评估 [J]. 农业经济问题, 2009 (5): 4-11.

[153] 朱晶, 钟甫宁. "入世"后我国与世界粮食生产的波动比较与市场融合 [J]. 现代经济探讨, 2004 (12): 18-21.

[154] 于晓华, 武宗励, 周洁红. 欧盟农业改革对中国的启示: 国际粮食价格长期波动和国内农业补贴政策的关系 [J]. 中国农村经济, 2017 (2): 84-96.

[155] 叶兴庆. 我国农业支持政策转型: 从增产导向到竞争力导向 [J]. 改革, 2017 (3): 19-34.

[156] 赵霞, 韩一军. 产粮大省推进农业供给侧结构性改革的困境与建议 [J]. 经济纵横, 2017 (11): 84-89.

[157] 朱满德, 程国强. 棉花目标价格补贴试点政策成效及完善建议 [J]. 经济纵横, 2017 (11): 90-96.

附　录

附表1　GTAP基准方案中使用的主要变量假定　　　　单位：%

地区	人口	国民生产总值	非熟练劳动力	熟练劳动力	耕地	资本	自然资源
欧盟	3.4	70.1	-2.0	5.0	-3.2	140	7.5
中国大陆	4.7	276.8	8.0	40.0	-8.4	340	10.2
中国台湾	3.2	85.6	13.3	21.9	-2.0	140	7.4
日本	0.3	33.3	-2.5	8.7	-3.4	60	5.1
韩国	2.9	101.1	7.4	35.3	-5.6	145	8.8
东盟	11.3	141.6	17.5	45.2	8.3	220	9.4
南亚	12.6	123.2	25.0	36.0	-1.1	190	12.5
新西兰	11.2	70.6	6.6	21.3	-5.6	130	10.9
澳大利亚	13.1	73.1	7.4	23.3	-5.3	125	10.7
北美	8.5	47.6	9.9	19.8	-6.1	100	12.6
非洲	20.4	72.2	18.0	20.0	11.8	110	9.2
东欧	-2.5	73.5	-2.5	-5.0	-2.3	220	12.9
拉美	10.4	80.6	16.0	35.0	4.2	135	12.3
其他国家	16.5	70.5	18.0	40.0	-5.7	140	10.8

资料来源：人口、国民生产总值增长率数据来自世界银行数据库，耕地变化率数据来自FAO数据库，非熟练劳动力、熟练劳动力、资本和自然资源变化率数据参考其他类似研究中使用的数据资料。

附表2　基准方案中的中国不同行业产量增长幅度　　　　单位：%

商品类	增幅	商品类	增幅
1. 大米	10.24	5. 糖	38.74
2. 小麦	22.70	6. 植物纤维	4.55
3. 粗粮	48.31	7. 奶类	233.78
4. 油料和油脂	7.56	8. 草食动物	23.43

续表

商品类	增幅	商品类	增幅
9. 蔬菜水果	20.12	14. 纺织品	253.03
10. 牛羊肉	25.01	15. 林产品	117.69
11. 猪禽肉	24.70	16. 矿产品	70.13
12. 水产品	41.55	17. 制造业	191.62
13. 其他农产品	124.40	18. 服务业	188.92

资料来源：《中国统计年鉴》《中国农村统计年鉴》《中国农业统计资料》。

附表3 GTAP数据库中中国在2001年基期的各种商品的贸易收支余额

产品	出口		进口		贸易收支余额（百万美元）
	出口额（百万美元）	占世界贸易额的比重（%）	进口额（百万美元）	占世界贸易额的比重（%）	
大米	726.85	8.29	125.33	1.43	601.52
小麦	55.89	0.33	220.05	1.30	-164.16
粗粮	770.74	5.27	412.91	2.83	357.83
油料和油脂	1391.61	0.50	11693.53	4.21	-10301.92
糖	36.43	0.39	326.05	3.48	-289.62
植物纤维	101.08	1.16	237.21	2.72	-136.13
草食动物	29.78	0.41	14.52	0.20	15.26
奶类	46.54	0.15	353.41	1.13	-306.87
蔬菜水果	2447.44	4.51	626.11	1.15	1821.33
牛羊肉	64.33	0.28	383.2	1.69	-318.87
猪禽肉	1514.06	4.62	882.89	2.69	631.17
水产品	660.03	6.95	80.18	0.84	579.85
制造业	210423.9	5.92	152195.6	4.28	58228.39
纺织品	98748.45	21.05	22466.32	4.79	76282.13
林产品	17515.03	5.78	11118.06	3.67	6396.97
矿产品	38451.9	4.56	34452.71	4.08	3999.19
其他农产品	10689.52	4.12	6448.46	2.48	4241.06
服务业	22155.24	1.81	39195.79	3.20	-17040.55
总计	405828.9	5.68	281232.3	3.94	124596.60

资料来源：笔者根据GTAP第六版数据库整理得出。

附表4 2000~2017年河南省政府工作报告中有关农业发展方面的主要政策措施

年份	主要内容
2000	稳定粮食生产,继续调整农业结构的优质化、多样化,提高优质专用小麦、玉米、水稻等种植面积,增加市场适销、收益高的特色农产品产量。
2001	在稳定粮食生产能力的基础上,扩大优质专用小麦、优质玉米等种植面积,实现区域化种植、规模化生产、产业化经营,努力把我省建成全国重要的优质专用小麦生产和加工基地;加快发展畜牧养殖业,努力把我省建成全国重要的畜产品生产和加工基地;切实加大对农业结构调整的投入,财政支农资金要向结构调整倾斜,今年安排省级专项资金2亿元用于农业结构调整。
2002	继续推进优质专用小麦和优质畜产品生产加工基地建设,集中使用农业结构调整资金,重点支持"两个基地"建设。
2003	以两个基地建设为重点,促进大宗农产品生产优质化,特色农产品生产多样化;进一步推进优质专用小麦的区域化布局和规模化种植,提高优质专用小麦品质,抓好综合利用和精深加工,巩固提高优质专用小麦生产加工基地和优质畜产品生产加工基地建设成果;继续深化粮食流通体制改革,省里计划拿出8亿元对粮农进行补贴。
2004	继续集中使用农业结构调整专项资金,重点支持"两个基地"建设;稳定和提高粮食生产能力,积极争取国家支持,抓好新乡国家优质小麦基地建设,着手建设安阳国家优质小麦基地;培育劳务输出基地,引导和支持农民外出务工,增加农民务工收入;在全省推行对种粮农民直接补贴政策,对种粮农民进行直接补贴11.63亿元,增加农民种粮收益;深化农村税费改革,全面落实取消特产税、降低农业税税率等政策。
2005	继续实行最严格的耕地保护制度,稳定粮食种植面积,抓好粮食生产,力争今年粮食生产能力保持在4000万吨以上;利用好国家加大对产粮大县扶持的机遇,集中农业综合开发资金重点支持24个产粮大县,抓好一批粮食主产县优质粮食产业工程项目建设,争取更多的县列入国家支持范围;继续加强以优质专用小麦为重点的优质粮生产、加工基地,以规模化养殖为重点的优质畜产品生产、加工基地建设,推进农业区域化布局、专业化生产。建成新乡国家优质小麦生产基地,开工建设安阳国家优质小麦生产基地;加大政策扶持力度,继续实行对种粮农民直接补贴,增加良种补贴和农机具购置补贴,进一步调动农民种粮的积极性和粮食主产区政府抓粮食生产的积极性,并对我省所有县市提前全部免征农业税;集中使用扶持农业产业化的资金,大力发展以粮食为主要原料的食品加工业,培育壮大农产品加工龙头企业,提高粮食及畜产品加工转化能力。
2006	继续抓好优质粮食产业工程、国家优质小麦基地建设,进一步加大对粮食主产县的支持,打造粮食生产核心区,稳定和提高粮食综合生产能力;积极推进畜产品生产加工基地建设;落实好对农民的各项补贴政策,对种粮农民直接补贴增加到14.5亿元,继续实行良种补贴,增加农机购置补贴。

续表

年份	主要内容
2007	继续加大对"三农"的投入,稳定对种粮农民直接补贴规模,扩大良种补贴范围和品种,扩大农机具购置补贴规模、机型和范围,加大农业生产资料综合补贴力度,继续实施农村劳动力转移培训、测土配方施肥等补贴政策;加强耕地特别是基本农田保护,加快以优质小麦为重点的优质粮食生产加工基地建设,建成安阳、驻马店和周口国家优质小麦基地,开工建设商丘国家优质小麦基地,抓好优质粮食产业工程;继续支持24个产粮大县发展,完成200万亩中低产田改造,打造粮食生产核心区;加强优质畜产品生产加工基地建设,集中支持40个畜牧业重点县和优势区域发展。
2008	维护国家粮食安全,编制了国家粮食战略工程河南核心区建设规划;继续推进国家优质小麦基地和优质粮食产业工程建设,集中使用农业综合开发资金扶持产粮大县,力争粮食产量保持在1000亿斤左右;继续推进优质畜产品生产加工基地建设,推进区域化布局、规模化养殖和标准化生产;落实小麦最低收购价政策,扩大小麦、玉米良种补贴面积,新增水稻良种补贴,力争兑现16项惠农补贴100.5亿元,其中粮食直补和农资综合直补77.8亿元。
2009	全面启动国家粮食战略工程河南核心区建设,提高农业综合生产能力;深入实施国家粮食科技丰产工程,重点建设3个万亩连片小麦玉米高产核心示范区;积极推进国家优质粮食产业工程建设,建成商丘、周口、安阳大型商品粮基地,加快纳入国家规划的89个县标准农田建设;确保粮食种植面积稳定在1.4亿亩以上,抓好213个小麦、玉米、水稻万亩高产示范区建设,加速小麦、玉米主导优良品种换代升级,提高单位面积产量。
2010	巩固提高粮食综合生产能力,扎实推进国家粮食战略工程河南核心区建设,完成濮阳、新乡国家大型商品粮基地项目建设;落实好各项惠农补贴政策,保护和调动农民种粮积极性,稳定粮食种植面积;实施"粮食稳产保收行动计划",确保粮食总产稳定在1000亿斤以上。
2011	建立健全产粮大县利益补偿机制,认真执行国家稳步提高重要粮食品种最低收购价政策;加快推进粮食生产核心区建设,稳定面积、主攻单产,加大对粮食主产县的支持力度,力争粮食播种面积稳定在1.45亿亩以上,粮食总产量保持在1000亿斤以上;加快农业结构调整。在稳定粮食产量的前提下,继续推动种植业结构加快向园艺业调整、大农业结构向畜牧业调整、农村经济结构向农产品加工业调整。因地制宜发展花卉苗木、茶叶、优质果品等园艺产品和设施农业。
2012	坚持保粮与增效并重,把建设现代化高标准粮田和发展现代农业产业化集群作为推进新型农业现代化的具体抓手,扎实推进国家重要的粮食生产和现代农业基地建设,加快农业大省向农业强省转变。实施高标准粮田"百千万"建设工程。结合落实国家千亿斤粮食战略工程和我省粮食生产核心区规划建设,按照"合理规划、综合配套、稳定面积、主攻单产"原则,整合资金、聚拢政策,规划建设一批百亩方、千亩方和万亩方高标准永久性粮田。
2013	推进高标准粮田"百千万"建设工程。推进粮食生产核心区建设,集合政策,整合资金,集中投入,统筹推进水、电、路、林等生产设施和服务体系建设,实施粮食丰产科技工程,加强中低产田改造,更加切实地保护耕地和基本农田,提高粮食综合生产能力,年内新建成高标准粮田900万亩以上,确保粮食总产量稳定在1100亿斤以上。

续表

年份	主要内容
2014	继续实施高标准粮田"百千万"建设工程，完善推进机制，加快高标准粮田建设和中低产田改造，持续推进农业综合开发、土地整理和复垦开发，力争新建高标准粮田900万亩，确保粮食总产稳定在1100亿斤以上，努力提高粮食品质。
2015	落实藏粮于地、藏粮于技战略，实行最严格耕地保护制度，划定永久基本农田并实行特殊保护，加快农业科技创新及成果转化。大力推进高标准粮田建设，实施耕地质量保护与提升行动，新建高标准粮田700万亩。深入开展粮食绿色高产高效创建，实施化肥农药零增长行动。抓好农田水利建设，完成10处大中型灌区续建配套与节水改造年度任务，基本建成8个抗旱应急水源小水库和一批抗旱应急水源引提调工程。
2016	着力调优种养结构、调强加工能力、调大经营规模、调长产业链条，统筹推进布局区域化、经营规模化、生产标准化、发展产业化，促进农业提质增效。完善农业基础设施，持续推进高标准粮田建设，藏粮于地、藏粮于技。重点发展优质小麦、优质花生、优质草畜、优质林果，优质专用小麦面积达到800万亩，优质花生面积达到2000万亩，粮改饲面积达到200万亩。
2017	坚持质量兴农、绿色兴农、结构兴农、品牌强农，加快由增产导向转向提质导向。加强高标准粮田建设，持续提升粮食产能，发展高效节水灌溉面积130万亩。以"四优四化"为重点，支持发展高效种养业和绿色食品业，优质专用小麦、优质花生、优质林果分别达到1200万亩、2200万亩、1300万亩以上。

资料来源：笔者根据历年河南省政府工作报告整理得出。

附表5　2000~2017年山东省政府工作报告中有关农业发展方面的主要政策措施

年份	主要内容
2000	在保护粮食生产能力的前提下，以调优增效为重点，培育、引进、推广高产优质高效新品种，引导农民发展以瓜果菜、食用菌、花卉等为重点的特色农业、高效农业和创汇农业；以市场为导向大力发展多种经营，把畜牧业、水产业作为大的产业发展；深入推进农业产业化经营，扶持龙头企业的发展，搞好农产品加工、流通，努力提高农产品附加值。
2001	在稳定粮食生产的前提下，以市场为导向，以优化品质为重点，发展适销对路的优质专用和名特稀新品种，加快开发新兴产业和绿色食品，适度扩大饲料作物种植；大力发展优质林果业和食草型、节粮型畜牧业，突出发展奶业；开拓远洋和海外渔业发展空间，搞好海淡水养殖、滩涂开发和水珍品生产；进一步加快发展农村二、三产业，放手发展个体、私营经济，积极推进小城镇建设，促进农村劳动力向非农产业和城镇转移；全面实施农业产业化经营战略，提高农产品加工转化水平，增加延伸效益；支持农业龙头企业膨胀规模，积极推广公司加农户、订单农业等经营形式，加快发展农产品深加工、保鲜、储藏、运销业和农村专业合作经济组织，带动农产品基地建设和农业的区域化、规模化、专业化发展。

续表

年份	主要内容
2002	在提高粮食单产、确保粮食安全的基础上,以市场为导向,充分发挥区域比较优势,调整优化种植结构,扩大优质高效经济作物种植规模,抓好名优农产品生产和加工;大力发展畜牧和水产业,搞好畜牧、水产品鲜销和精深加工。加快农村第二、第三产业发展和小城镇建设;搞好农业产业化经营,加大扶持力度,培育发展更多更强的农业龙头企业;积极发展农村合作经济组织,大力推广"公司加农户""订单农业"等方式,逐步形成生产、加工、销售一体化经营,引导龙头企业建立符合市场经济要求的运行机制,规范与农户的利益关系,更好地发挥辐射带动作用。
2003	加快发展现代农业,适应国内外市场变化,以提高农业产业化、标准化、国际化水平为重点;加快农业科技进步,推进专业化、规模化生产,进一步提高农业产出效益和综合竞争力;加大农业结构调整力度,在确保粮食安全的前提下,大力发展优质、高效、生态、安全农业,把畜牧业和海洋水产业培植成为支柱产业;以水果、蔬菜、花卉和奶业、水产珍品为重点,建设优势农产品产业带。
2004	加强基本农田保护,提高粮食综合生产能力,确保粮食安全;把推进产业化作为增强农业竞争力的"牛鼻子"来抓,大力发展优质高效创汇农产品,加快发展水产业、畜牧业、林果业,实行区域化布局、专业化种养、标准化生产,促进优势和特色农产品向优势产区集中;高度重视农产品品牌经营,发展壮大各种所有制形式的龙头企业。积极发展农民专业合作组织,探索建立"龙头企业+各种经济组织+农户"的新型利益联结机制;大力发展农村第二、第三产业,拓宽农民增收渠道,进一步加强对乡镇企业的支持;直补粮农资金7.36亿元,减免农业税和农业特产税38亿元;全年转移农村劳动力130万人。
2005	继续搞好粮食直补和优良品种补贴,确保粮食生产"三条底线",放开放活粮食市场;继续安排专项资金,扶持龙头企业,加快农业产业化、标准化、外向化进程;大力发展农村第二、第三产业,大力发展林牧渔业,大力发展特色农业,加快建设优质高效农业产业带;制定实施新的海洋资源开发利用规划,积极发展海洋经济;加快农村劳动力向第二、第三产业转移,力争今年新转移100万人以上。
2006	发展优质、高产、高效、生态、安全农业,实施农业综合开发等五项工程,抓好粮食生产;支持农业龙头企业加快发展,完善农业标准、农产品质量检测和质量认证体系,完善农业技术推广和信息服务体系,推进农业标准化、产业化和国际化;积极发展农村第二、第三产业,搞好重点小城镇综合开发,抓好"阳光"培训、绿色证书培训和新型农民科技创业培训,加强对农村劳动力转移的组织引导和信息服务,促进农村劳动力转移;全面落实支农惠农政策,今年全省取消农业税。
2007	认真落实粮食生产各项扶持政策,确保粮食生产稳定增长;实施优势农产品竞争力提升计划,促进园艺、畜牧、水产等优势产业加快发展;坚持用现代产业体系提升农业,加快农产品质量标准和检验监测体系建设,大力发展生态农业;大力培养新型农民,重点抓好新型农民科技培训和农村劳动力转移培训,培训示范农户5万个、农村劳动力25万人,全年转移农村劳动力120万人。

续表

年份	主要内容
2008	稳定粮食播种面积，提高单位面积产量，保持粮食总产750亿斤以上；大力发展蔬菜、果品、肉类、水产品生产，确保主要农产品有效供给；创新产业化经营模式，培植一批带动力强的大型龙头企业；大力发展一村一品、一乡一业，扶持农村特色产业和特色经济；加强农村劳动力培训，促进农村劳动力加快转移，计划转移农村劳动力130万人以上。
2009	稳定发展粮食生产，提高农产品供给水平。启动实施千亿斤粮食生产能力规划，加快大型商品粮基地和现代农业粮食产业项目建设，加大中低产田改造和高产创建力度，稳定粮食播种面积；创新农业产业化经营模式，积极发展多种类型的农村专业合作组织，重点支持500家农业龙头企业做大做强；在继续提高国内市场占有率的同时，高度重视我省农产品出口，稳定传统市场，开拓新兴市场；大力发展特色现代农业、生态农业和旅游观光农业，搞好农村多种经营；加强小城镇建设，加快发展农村第二、第三产业，为农民创造更多的就业和增收机会；开展农村劳动力培训，帮助农村劳动力就地创业就业，增加农民的工资性收入。
2010	稳定粮食生产，实施千亿斤粮食生产能力规划，扎实开展粮食高产创建活动，抓好大型商品粮基地建设，加大中低产田改造力度；加强农业科研和技术推广，加快推进农业机械化，提高农业综合生产能力，今年全省粮食产量要稳定在850亿斤以上；发展高效农业，开展优势农产品标准化生产示范县建设，扩大油料种植面积，实施果菜振兴计划，积极发展种苗花卉产业；加快现代畜牧业示范区建设，促进畜禽标准化规模养殖；加强渔业基础设施建设，加快发展现代渔业；支持农产品精深加工龙头企业。
2011	加快实施千亿斤粮食生产能力建设规划，确保今年粮食总产850亿斤以上；围绕蔬菜、畜牧、渔业、果业、油料、棉花、种业、苗木花卉、水系生态、乡村旅游等产业发展，全面实施十大特色产业振兴规划；深入实施农产品质量安全提升工程，大力支持农业产业化龙头企业发展和农业标准化生产，积极发展农民专业合作组织，全面提升农业生产经营的专业化、标准化、规模化、集约化水平；加快推进以水利为重点的农村基础设施建设；落实好各项强农惠农政策，进一步提高补贴标准，增加农民转移性收入；鼓励农民在搞好粮食生产的同时，优化种养结构，增加生产性收入；扶持农民自主创业，加快农村第二、第三产业发展，增加经营性和财产性收入；加强农民职业培训、就业服务和权益保护，促进农民就地就业和转移就业，增加工资性收入。
2012	深入实施千亿斤粮食产能建设规划，稳定面积，主攻单产，力争新增粮食产能10亿斤。落实十大农业产业振兴规划和年度计划，培育一批有市场竞争力和影响力的农产品品牌。农业补贴要增加总量、提高标准、扩大范围、完善机制，新增补贴向种养大户、农民专业合作社倾斜。今年全省小麦直接补贴和综合补贴提高到每亩100元，种植小麦100亩以上的种粮大户每亩再给予10元奖励。
2013	继续深化高产创建活动，力争今年粮食生产再获丰收。全面落实农业十大特色产业振兴规划，加快推进现代农业示范区建设，积极创建现代渔业园区。发展循环农业，加强绿色生产，推行标准化种植、养殖，从源头上保证农产品质量安全。加大科技兴农投入力度，培育新型职业农民，实施良种工程和土地综合整治，加快推进农业机械化、信息化。抓好98个农田水利重点县、17处大型灌区续建配套和节水改造工程建设，新增300万亩"旱能浇、涝能排"高标准农田。

年份	主要内容
2014	持续推进千亿斤粮食产能建设,实施"渤海粮仓"科技工程和耕地质量提升计划,努力实现粮食生产稳步增长。普及测土配方施肥,加强对农药使用的科学指导。创新育种技术,做大做强种子和种苗产业。完善农产品质量标准、检测和认证体系,整建制推进农产品质量安全区建设。全面开工建设南水北调续建配套工程和引黄济青改扩建工程,启动实施雨洪资源利用一期工程,建设"旱能浇、涝能排"高标准农田385万亩。
2015	加快形成千亿斤粮食产能,实施好粮食高产创建、"渤海粮仓"科技工程和耕地质量提升计划。加快种业创新,实施小麦、玉米双高产工程。提升农业机械化水平,支持发展节水农业和水肥一体化。推进农业产业化,提高农产品精深加工和综合利用水平,抓好农产品保鲜物流体系建设。健全农产品质量安全监管体系,整体建设农产品质量安全县。
2016	继续抓好高产创建、渤海粮仓、精准农业、高标准农田建设工程,全面实施耕地质量提升计划。加强基本农田保护,做好永久基本农田划定工作。大力发展节水农业和水肥一体化。顺应市场规律,尊重农民意愿,合理安排轮作,积极探索符合各地实际的休耕方式。适度调减玉米种植面积,因地制宜发展青贮玉米、优质牧草,以及大豆、花生、杂粮等经济作物。
2017	加快农业现代化步伐,推动"新六产"发展,提高农民在第一、第二、第三产业融合发展中的收益。继续实施"藏粮于地、藏粮于技"战略,开展绿色增产和粮食高产创建,确保粮食生产稳定。严守耕地红线,加强高标准农田建设,继续实施耕地质量提升计划和渤海粮仓科技示范工程。

资料来源:笔者根据历年山东省政府工作报告整理得出。

附表6 河南和山东的"十五"和"十一五"期间农业产业化发展情况

	"十五"期间	"十一五"期间
河南	符合农业部调查标准的各类农业产业化经营组织总数为6560个,比2000年增长114.5%。其中,龙头企业带动型的达到2512家,在这中间年销售收入超亿元有239家。全省有国家重点龙头企业23家,省重点龙头企业128家,区域性重点龙头企业900多家。省重点龙头企业平均总资产达到4.3亿元,平均销售收入达到5.1亿元。 有897万农户通过龙头企业的带动进入市场,占农户总数的45%,平均每户年增收986元;全省与农业产业化经营组织形成较稳定产销关系的种植基地3956万亩,养殖基地养畜量5473万头,养禽量43577万只;1996~2005年,河南省参与农业产业化经营的农民增收超过450亿元;农民专业合作经济组织平均资产60多万	骨干龙头企业6248家,其中国家级重点龙头企业39家,省级重点龙头企业562家,区域性重点龙头企业2000多家。龙头企业固定资产达819亿元,实现销售收入3532亿元,实现利税392亿元,带动农户1189万户,年销售收入1亿元以上的企业达594家,分别是2005年的2.6倍、4.4倍、3.5倍、1.3倍和2.5倍。 龙头企业带动农户1189万户,其中省级以上龙头企业带动农户633.4万户;年销售收入超亿元的达企业达594家,其中30亿元以上的10家;全省涉农企业上市12家,21个农产品荣获"中国名牌"产品称号,26家龙头企业的商标被国家认定为"中国驰名商标"。 以农产品加工为主的重点龙头企业共吸纳133.71万人就业,占全省规模以上工业企业从

续表

	"十五"期间	"十一五"期间
河南	元,全省加入合作组织的农户只有183万户,占全省农户总数的9%。	业人员436.26万人的30.65%。全省各级龙头企业为农民提供的人均年工资性收入近500元,约占农民年纯收入的10%。其中省级以上龙头企业共吸纳就业人员81.8万人,年工资性支出114亿元,人均年工资性收入达1.54万元。
山东	农业产业化经营组织总数11260个,其中销售收入100万元以上的龙头企业8392个(国家级重点龙头企业45个,省级重点龙头企业359个),在工商或民政部门登记注册的中介组织2126家,年交易额过500万元的农产品专业市场750家。在龙头企业中,年销售收入500万元以上的有5868个,1亿元以上884个,10亿元以上61个,50亿元以上4个,100亿元以上2个。各类产业化经营组织共实现销售收入(交易额)5632亿元,其中龙头企业实现销售收入4521亿元,中介组织实现销售收入151亿元,专业市场完成交易额960亿元。龙头企业出口创汇82.18亿美元,约占当年全省农业出口创汇总额的80%。 各类产业化组织通过合同、契约等形式直接带动农户1375万户,占全省农户总数的65%。带动基地农户当年增加收入103.64亿元,户均增收1192元。 据不完全统计,2005年度全省龙头企业农产品原料采购值达到1531亿元,占全省农业总产值的比例达到57%;农产品原料基地采购值为952亿元,占全省农业总产值的比例为36%。龙头企业共带动种植基地4978万亩;带动牲畜养殖1734万头;带动禽类养殖10.4亿只;带动水产养殖面积175万亩。 全省龙头企业从业人数已达144.19万人。2005年度,龙头企业共支付员工工资105.8亿元,人均7337元;共带动基地农户809.19万户,带动农户增收88.82亿元,户均增收1000多元。	农业产业化组织总数20748家,其中规模以上龙头企业8080家(主要产业规模以上龙头企业分别为:粮食1435家、蔬菜1250家、油料1028家、畜牧919家、水产587家、果品542家),农村专业合作组织9585家,农产品专业批发市场513家。从龙头企业发展情况来看,过亿元的龙头企业数量1990家,过10亿元企业158家,过50亿元企业13家,过100亿元企业4家,规模以上龙头企业资产总额达到7100亿元,主营业务收入10880亿元,净利润705亿元,上缴税金280亿元,企业总资产报酬率2.71%,主营业务利润率10.11%,净资产收益率3.55%,资产负债率45.33%。 从农村专业合作组织发展情况来看,规模以上的专业合作经济组织5428个,营业收入355亿元。从专业批发市场发展情况来看,年交易额5000万元以上的批发市场412家,年交易额2574亿元,净利润52亿元,上缴税金7亿元。 龙头企业原料基地面积发展到6112万亩,其中标准化基地面积3200万亩,超过全省标准化基地总面积的60%;主要农产品原料采购值5420亿元,其中主要农产品原料从基地采购值4592亿元,农产品实现增加值5460亿元;拥有进出口权的企业达到1780家,企业出口创汇172亿美元。 2010年参与农业产业化经营的农户1720万户,占全省农户总数的70%以上,其中龙头企业带动农户1026万户,占全省农户总数的48%,龙头企业带动农户增收总额124亿元,户均增收1208元;龙头企业从业人员253万人,工资总额425亿元,年人均工资1.7万元。

资料来源:河南省、山东省"十五"和"十一五"农业产业化发展报告。

附表7 铁路货物运价率表

办理类别	运价号	基价1		基价2	
		单位	标准	单位	标准
整车	1	元/吨	7.40	元/吨千米	0.0565
	2	元/吨	7.90	元/吨千米	0.0651
	3	元/吨	10.50	元/吨千米	0.0700
	4	元/吨	13.80	元/吨千米	0.0753
	5	元/吨	15.40	元/吨千米	0.0849
	6	元/吨	22.20	元/吨千米	0.1146
	7	—	—	元/轴千米	0.4025
	机械冷藏车	元/吨	16.70	元/吨千米	0.1134
零担	21	元/10千克	0.168	元/10千克千米	0.00086
	22	元/10千克	0.235	元/10千克千米	0.00120
集装箱	6.096米(20英尺)箱	元/箱	387.50	元/箱千米	1.7325
	12.192米(40英尺)箱	元/箱	527.00	元/箱千米	2.3562

资料来源:国家发改委网站。